Für immer im Herzen

Der umfassende Ratgeber für die Themen
Trauer und Trauerbewältigung

Die Persönlichkeitsexperten

Inhaltsverzeichnis

„Je schöner und voller die Erinnerung,
desto schwerer ist die Trennung.
Aber die Dankbarkeit verwandelt die Qual der Erinnerung in eine
stille Freude.
Man trägt das vergangene Schöne nicht wie einen Stachel,
sondern wie ein kostbares Geschenk in sich.“

– Dietrich Bonhoeffer

Vorwort

Die Trauer kennen die meisten Menschen durch den Verlust eines Angehörigen. Doch das ist nicht der einzige Auslöser, denn das Trauern ist ein psychologischer Vorgang, der nicht nur durch den Tod eines geliebten Menschen entsteht. Alles, was einem wichtig ist, kann dazu führen, dass man den Verlust bedauert. Bei Kindern kann das die geliebte Puppe sein, bei Erwachsenen kann es auch der Job sein – wichtig ist, dass du deine Gefühle zulässt.

Der britische Psychiater John Bowlby definierte den Begriff der Bindung zwischen zwei Menschen ganz neu. Demnach werden Bindungen aufgrund eines starken Sicherheitsbedürfnisses bzw. Schutzbedüfnisses geschlossen. Sie entwicklen sich schon früh im Leben und bleiben meist für eine sehr lange Zeit erhalten. Bei Babys nennt man es auch Urvertrauen zu den Eltern. Wird die Vertrauensperson nun weggenommen (durch Tod, Umzug, einen neuen Partner etc.) werden starke Reaktionen im menschlichen Körper hervorgerufen. Das kann das Leugnen genauso sein wie Zorn, Wut, Angst oder Bedauern mit sich selbst.

Die Trauer ist also ein ganz normaler Prozess, der nicht nur bei Menschen, sondern auch bei Tieren zu beobachten ist. Bereits 1944 wurden Symptome wie Atemprobleme, Appetit- und Kraftlosigkeit festgestellt. Das kann nur einige Tage, aber auch viele Wochen oder Monate andauern. Wichtig für dich ist, dass du dir über folgende Aspekte bewusst bist:

Du bist mit deiner Trauer nicht allein, denn Millionen von Menschen können deine Gefühle nachvollziehen und haben Ähnliches bereits erlebt.

Du darfst dir Zeit lassen. Hektik und Druck ist das Letzte, was du jetzt gebrauchen kannst. Oft neigen Bekannte, Freunde und Familie dazu, einen trauernden Menschen mit gutgemeinten Ratschlägen „zurück ins

Leben" holen zu wollen. Höre auf dich selbst und nimmt dir die Zeit, die du brauchst.

Deine Gefühle sind absolut in Ordnung und haben ihre Berechtigung. Niemand – auch du nicht – muss sich für seine Trauer schämen oder sich zurückhalten. Ganz im Gegenteil: Das Unterdrücken der Gefühle führt nur zu einer Verlängerung des Heilprozesses.

In diesem Trauer-Buch möchte ich dir eine Stütze sein und dich bei dem seelischen Heilungsprozess begleiten, denn eines ist doch ganz klar: Besonders in Zeiten der Dunkelheit kann eine noch so kleine Kerze ein großer Lichtblick für die Zukunft sein.

FAQ – Frequently Asked Questions

Beginnen möchte ich diesen Begleiter für dich deshalb mit den am häufigsten gestellten Fragen, die dir und etlichen anderen Menschen in der selben Situation auf dem Herzen liegen.

Wie lange dauert die Trauer an?

Die Trauer ist ein komplexer psychologischer Heilungsprozess, der in verschiedene Phasen unterteilt ist. Wie lange sich die Trauer zieht, ist von Mensch zu Mensch unterschiedlich und hängt im Allgemeinen von der Stärke der Bindung ab. Im Regelfall gilt die Faustregel, dass ein bis zwei Jahre für den Bewältigungsprozess vollkommen in Ordnung sind.

Kann man vor Trauer sterben?

Die Trauer selbst ist keine Sterbeursache. Allerdings zeigen neueste Studien, dass bei nicht bewältigtem Kummer einige Begleiterscheinungen auftreten können, die ein erhöhtes Sterberisiko haben. So können Depressionen, das Suchen nach einem Adrenalin-Kick, Alkoholismus, Medikamentenmissbrauch oder Unterernährung auftreten. Aus diesem Grund sollte immer der komplette Trauerprozess mit all seinen Facetten vollzogen und bei einem möglichen Kontrollverlust ein Fachmann zurate gezogen werden.

Welche Phasen der Trauer gibt es?

Die Trauer hat aus psychologischer Sicht nach dem Modell von Elisabeth Kübler-Ross fünf Phasen: Leugnung, Zorn, Verhandlung, Depression und Akzeptanz. Abhängig von der Intensität der Beziehung sowie dem persönlichen Charakter des Trauernden können die einzelnen Phasen mehr oder weniger stark ausgeprägt sein.

Wann wird die Trauer krankhaft?

Im Grunde ist die Trauer ein natürlicher Prozess der Verlustbewältigung. Ernsthaft sorgen solltest du dir machen, wenn du stark depressive Verstimmungen, Selbstmordgedanken oder extreme Wutausbrüche hast. Sollte sich die Trauer über mehr als zwei Jahre erstrecken, sollte mit einem Experten (Psychologen, Hausarzt, Heilpraktiker etc.) gesprochen werden.

Welche Hilfsangebote gibt es für Trauernde?

Trauernde Personen können sich neben diesem Buch auch eine Begleitung zur Trauerbewältigung suchen. Hierfür stehen Kirchenorganisationen zur Verfügung. Zudem kannst du dir bei deinem Hausarzt oder einem Heilpraktiker mit Ausbildung zum Trauerbegleiter Rat holen. Gemeinnützige Organisationen wie die Caritas bieten ebenfalls fachliche Beratung nach dem Verlust eines geliebten Menschen/Tieres an.

Abstand halten solltest du vor unseriösen Angeboten sogenannter „Geistheiler" oder vor selbsternannten Trauerbegleitern ohne fundierte Weiterbildung.

Wie kann ich Trauer überwinden?

Prinzipiell solltest du dich gegen deine Gefühle nicht wehren, sondern sie zulassen. Der Trauerprozess nach den fünf Phasen ist für die seelische Genesung sehr wichtig. Äußere Einflüsse, die diesen Prozess negativ beeinflussen könnten, solltest du abstellen. Zusätzlich helfen dir alle Dinge, die dir ein positives Lebensgefühl geben. Das kann der regelmäßige Spaziergang sein, der Besuch eines Ortes mit gemeinsamen Erinnerungen, die Ablenkung durch Freizeitaktivitäten oder das Meiden von bestimmten Plätzen.

Zwar gibt es kein Patentrezept für die Trauerbewältigung, allerdings kannst du mit ein paar hilfreichen und psychologisch fundierten Tipps deine Genesung vorantreiben. In diesem Trauerbuch möchte ich dir ein umfangreiches Wissen zu diesem Thema vermitteln, dir anerkannte Strategien sowie Hilfsangebote zur Hand geben, um dir bei der Bewältigung deines Verlustes unter die Arme zu greifen.

Sollest du merken, dass du dich selbst mit diesem TrauerBuch nicht aus deinem Loch herausziehen kannst, ist das Gespräch mit einem

Fachmann ein absolutes Muss. Bitte beachte auch, dass dieses Buch kein Ersatz für eine fundierte Therapie darstellt.

Verschiedene Trauerkulte

Trauer an sich ist zwar keine kulturelle Erscheinung, der Umgang mit dem Verlust eines geliebten Menschen oder Tieres hingegen schon. In der deutschen Kultur wird dieser Verlust meist ausschließlich mit Schmerz und etwas Schlechtem in Verbindung gebracht. Eine Beerdigung ist dabei nur der Höhepunkt. In der Vergangenheit war es sogar ein absolutes Muss, dass eine verwitwete Frau mindestens ein Jahr lang ausschließlich in schwarzer Kleidung vor die Tür trat. Der Tod ist ein endgültiges Ereignis. Wir sind uns des Schmerzes, der durch den Verlust entstanden ist, sehr bewusst.

Werfen wir einen Blick in andere Kulturkreise, wird schnell klar, dass deutliche Unterschiede zu sehen sind. Zwar ist der Trauerprozess auch dort mit Tränen, Leid, Appetitlosigkeit und Ähnlichem verbunden, allerdings wird damit auf eine ganz andere Weise umgegangen. Für dich kann die Auseinandersetzung mit anderen Trauerkulten eine Möglichkeit sein, deine Gefühle und deine Sichtweise auf das Thema zu ändern und so aus deinem „Loch" besser wieder herauszukommen.

Der Buddhismus: Geliehene Körper

Der Buddhismus ist vor allem im asiatischen Raum weit verbreitet. Mönche leben dort nach wie vor in großen Gemeinschaften, die sehr angesehen sind. Diese Glaubensrichtung ist mit Nachhaltigkeit, Achtsamkeit und Stille verbunden. Sie geht davon aus, dass jeder Mensch seinen Körper nur „geliehen" hat, um damit während seiner Lebenszeit etwas Sinnvolles schaffen zu können. Nach dem Tod verlässt der Geist den Körper, um sich anschließend einen neuen, gesunden und kräftigen Korpus zu suchen. Der Tod wird also nicht als endgültig angesehen, sondern als Teil eines immer wiederkehrenden Kreislaufes, um die Welt ein kleines bisschen schöner zu gestalten. Aus diesem Grund sind das Kremieren und die anschließende Wasserbestattung weit verbreitet, denn der Körper selbst erscheint dann als „nutzlos". Feste Bestattungsrituale gibt es im Regelfall nicht. Auffällig ist jedoch, dass die beiwohnenden Personen eher farbenfroh gekleidet sind. Oft werden verschiedene Blumen und Schmuckstücke der Bestattung beigelegt, um für ein positives und wohltuendes Ambiente zu sorgen.

Der Hinduismus: Die Idee der Reinkarnation

Der Hinduismus ist dem Buddhismus in Sachen Trauer und Auffassung des Todes sehr ähnlich. Auch hier wird an eine Wiedergeburt geglaubt, die den Tod nur zu einer Art Übergangsritual macht. Dennoch lassen sich einige kleine Unterschiede erkennen:

- Um die Seele von seiner menschlichen Hülle zu befreien, ist die Vernichtung des Körpers notwendig. Nur durch das Einäschern kann der Mensch später weiterleben. Eine Ausnahme gilt für schwangere Frauen, Kinder und Brahmanenpriester. Diese können ohne Probleme erdbestattet werden.

- Die Asche darf erst vier Tage nach der Verbrennung in einen heiligen Fluss gestreut werden, um dem Übergangsritual stattzugeben.

- Die Wiedergeburt ist abhängig von den guten Taten, die eine Person während seines Lebens erfüllt hat. Ein Mensch kann demnach auch als Tier oder Pflanze wiedergeboren werden.

Der Islam: Die schnelle Bestattung

Im Islam soll der Tote so gehen, wie er aus dem Mutterleib gekommen ist. Das bedeutet, dass der Leichnam einer Person zunächst gebadet und dann in ein weißes Gewand gehüllt wird. Eine Einäscherung ist deshalb ein absolutes No-Go für Gläubige des Islams. Zudem sollte der Verstorbene noch am selben Tag bestattet werden, um eine vorzeitige Verwesung oder Verunreinigung zu vermeiden. Im Gegensatz zu anderen Kulturen wird im Islam eine starke Trauer zelebriert. In den ersten drei Tagen kümmern sich Gemeindemitglieder um die Familie des Angehörigen. Sie sorgen für gesunde Mahlzeiten, seelischen Beistand und eventuell die Versorgung der Kinder. Bis einschließlich des 40. Tages nach dem Versterben des Menschen sollten die Angehörigen in entsprechender Trauerkleidung auftreten. Ein letztes Essen mit Familie, Freunden und Bekannten (ähnlich dem Leichenschmaus), ein Besuch am Grab und das Geben von Spenden an die Kirchengemeinde beenden offiziell die Trauerzeit. Ein Jahr nach dem Versterben wird dieses Ritual nochmals wiederholt.

Trauer im lateinamerikanischen Raum

Obwohl auch im lateinamerikanischen Raum der Großteil der Bevölkerung gläubige Katholiken sind, unterscheidet sich die Trauerkultur doch sehr stark von der deutschen Variante. Der Tote wird gereinigt, bekleidet und anschließend für alle Angehörigen, Freunde und Bekannte aufgebahrt. Diese können sich innerhalb von im Regelfall zwei Tagen in Ruhe vom Verstorbenen verabschieden. Die Beerdigung ist geprägt vom tiefen Glauben an Gott, der über Himmel oder Hölle entscheidet. Das Beten sowie das Hinzuziehen eines Priesters ist deshalb ein absolutes Muss. Die Beerdigung unterscheidet sich maßgeblich von den Gebräuchen in der deutschen Kultur. Es findet eine große Feier statt mit Musik, gutem Essen, vielen Gebeten und Tanz. Hierbei soll dem Toten eine letzte Freude bereitet werden. Zudem wird gefeiert, dass er nun zu Gott hinaufsteigt und dort seine Ruhe findet.

Du siehst, dass es etliche Kulte rund um das Thema Trauer gibt, die nicht immer mit so vielen negativen Gefühlen assoziiert werden, wie es in der mitteleuropäischen Kultur der Fall ist. Der entscheidende Punkt dabei ist, dass du selbst bestimmen kannst, wie du mit deiner Trauer umgehen möchtest. Niemand hat das Recht, dir vorzuschreiben, was du zu tun oder zu lassen hast. Niemand darf dir vorschreiben, wie lange du trauern musst. Niemand darf dir vorschreiben, nicht glücklich sein zu dürfen.

Vielen Menschen hilft ein Wechsel des eigenen Blickwinkels. Natürlich ist der Verlust eines Menschen sehr schmerzhaft und kann einem selbst innerlich zerreißen. Doch ist er das auch für den Verstorbenen oder wurde er vielleicht von einem späteren, viel schlimmeren Leid erlöst?

Vor allem Angehörige von kranken Menschen, sehr alten Familienmitgliedern oder von Unfallopfern finden sehr häufig Trost in dieser Art der Betrachtung. Frage dich deshalb selbst, ob eine Erlösung des Betroffenen nicht gnädiger war als das Weiterleben…

Trauer in der Psychologie –Zahlen, Fakten & Theorien

Trauer ist aus psychologischer Sicht eine natürliche Reaktion auf den Verlust eines geliebten Menschen, Tieres oder auch Gegenstandes beziehungsweise eines Status. Die kognitiven, emotionalen und auch körperlichen Erscheinungsformen der Trauer sind dabei mehrdimensional und können individuell und interkulturell große Unterschiede aufweisen. Bei einem normalen Trauerprozess werden unterschiedliche Phasen durchlaufen, die einander bedingen und zur Heilung beitragen. Die Trauer zeigt sich im Regelfall durch folgende Symptome:

- Eine trauernde Person leidet häufig an Müdigkeit, Erschöpfung und gleichzeitigen Schlafstörungen.

- Appetitlosigkeit ist eines der häufigsten Anzeichen in den ersten Tagen nach dem Verlust.

- Verschiedene Emotionen, die sich miteinander mischen können: Trauer, Wut, Erleichterung, Zuversicht, Zorn etc.

- Betroffene leiden vor allem in der Anfangsphase des Trauerns häufig an Konzentrationsstörungen sowie Sinnestäuschungen. Den verlorenen Menschen oder das verstorbene Haustier auf der Treppe zu hören oder einen Schatten vorbeigehen zu sehen, ist typisch.

- Als Konsequenz aus den Sinnesstörungen, dem Gefühlschaos und der Orientierungslosigkeit können Ohnmacht, ein verändertes Zeitgefühl und Verwirrung entstehen.

- Die Verarbeitung des Erlebten wird häufig in wirren und anscheinend sehr chaotischen oder sogar grausamen, furchteinlösenden Träumen widergespiegelt.

Inwieweit sich diese Symptome ausformen, ist individuell unterschiedlich und wird unter anderem von der Beziehung zum Verstorbenen/zum Verlorenen abhängig gemacht. Zudem spielen Alter, der eigene Gesundheitszustand sowie der Entwicklungsgrad eine große Rolle. Im Regelfall ist der natürliche Tod einer Person oder das Durchlaufen eines langen Leidensweges eine Hilfe für die Hinterbliebenen, den Verlust besser zu verkraften. Lebewesen oder Dinge, die plötzlich verloren sind, können zu einem gestörten Trauerprozess führen. Bei einer komplizierten Trauer kann es zu einem verzögerten Prozess kommen, der besonders intensiv oder sogar chronisch wird. Dann benötigen entsprechende Personen eine geeignete Therapieform. Symptome für eine komplizierte Trauer sehen wie folgt aus:

- Die Betroffenen leiden unter extremen Stimmungsschwankungen, die vor allem von Wut und Selbstbeschuldigungen geprägt sind.

- Auf Außenstehende wirken sie oft versteinert, kühl und verbittert.

- Chronisch trauernde Menschen kapseln sich oft komplett von der Umwelt ab und gehen nur für die nötigsten Besorgungen (Lebensmittel, Arztbesuche etc.) vor die Tür. Oft versinkt der Haushalt in Chaos, oder sie stürzen sich extrem in das Putzen der eigenen vier Wände (sozusagen als Fluchtversuch).

- Die verlorene Person, Status, Gegenstand oder Tier wird extrem idealisiert und auf ein Podest gestellt. Niemand und nichts kommt daran heran.

- Verlust- und Trauergefühle werden zur Seite ge-choben und verdrängt. Bei den kleinsten Erinnerungen oder Fragen dazu bricht die äußere Fassade zusammen.

- Der Betroffene wirkt desorientiert, da der Trauernde permanent in der Vergangenheit lebt. Ein Neustart ist ihm/ihr nicht möglich.

- Angststörungen, Depressionen oder chronische psychosomatische Beschwerden sind die Folge permanenter Traurigkeit. Zudem zählen Alkoholismus und Medikamentenabhängigkeit zu typischen Begleiterscheinungen.

Bei einem derartigen Verlauf sprechen Experten auch von einer krankhaften oder pathologischen Entwicklung der Trauerreaktion. Dabei muss allerdings noch zwischen einer chronischen und einer verzögerten Reaktion unterschieden werden. Bei der chronischen Trauer steckt die betroffene Person in einer Art „Gefängnis" fest. Ein Zustand der chronischen oder permanenten Traurigkeit, die sich sehr erdrückend und ausfüllend anfühlt. Meist bleiben Betroffene in der vorletzten Trauerphase gefangen. Sie schaffen also den Übergang zur Neuorientierung nicht und quälen sich über einen langen Zeitraum mit Schuldgefühlen, Verlust, Einsamkeit, Wut und vielem mehr.

Eine medikamentöse Behandlung der Trauer ist im Normalfall nicht sinnvoll, denn Pharmazeutika betäuben lediglich den Menschen und unterdrücken die Emotionen. Dadurch kann sich die Genesung deutlich verzögern. Du hast also im Endeffekt deutlich länger mit diesen vielen negativen Gefühlen in dir zu kämpfen, und der Weg zurück in die Normalität wird deutlich schwerer sein.

Von einem verzögerten Trauerprozess spricht man hingegen, wenn sich die einzelnen Phasen extrem langsam abspielen oder der Trauerprozess aufgrund von äußeren Einflüssen entweder von Beginn an verzögert oder später unterbrochen und zu einem späteren Zeitpunkt fortgeführt wird.

Trauer in der psychologischen Auswertung

Laut einer Studie durchlaufen fünf Prozent aller trauernden Menschen eine gestörte Trauerphase. Dabei sehen die Auswirkungen, Abläufe und Ursachen hierfür sehr unterschiedlich aus. Oft sind die Reaktionen des sozialen Umfeldes eine der größten Bedingungen dafür, dass ein schwerer Trauerverlauf erfolgt. Um eine genaue Einschätzung zu bekommen, ob ein Patient wirklich unter einer anhaltenden Trauer leidet, ziehen Psychologen und Ärzte verschiedene Tests zurate. Nachfolgend findest du typische Auswertungen, die speziell für dich so aufbereitet sind, dass du sie selbst durchführen kannst. Bitte gehe dabei mit Bedacht, Ehrlichkeit und Aufrichtigkeit vor, um ein exaktes Ergebnis zu erhalten. Nimm dir dafür ausreichend Zeit und sorge für ein ruhiges Umfeld.

Fragebogen nach Prigerson & Jacobs (2003), deutsche Version: Rosner

Kreuze die Antwort an, die am ehesten zutrifft. Bemessungsgrundlage ist dein Gefühlswert der letzten 30 Tage. Für die Bewertung gelten folgende Maßstäbe: **1 = weniger als einmal im Monat, 2 = einmal im Monat, 3 = wöchentlich, 4 = oft, 5 = mehrfach am Tag**

KRITERIUM A: Der Trauerschmerz	1	2	3	4	5
Wie oft denkst du an den Verlust?					
Fühlst du dich von Plätzen oder Dingen angezogen, die du mit der Person, dem Tier, Gegenstand oder dem früheren Status verbindest?					
Vermisst oder sehnst du dich nach der Sache oder dem Lebewesen?					
Fühlst du dich einsam, seit du den Verlust erlitten hast?					

AUSWERTUNG: Wie oft hast du folgende Kästchen ausgefüllt?

1	2	3	4	5

Solltest du mindestens 3x die Antworten (4) „oft" oder (5) „mehrfach am Tag" ausgefüllt haben, gehst du zu den Fragen des Kriteriums B über. Ansonsten kannst du den Test an dieser Stelle abbrechen, denn du leidest höchstwahrscheinlich nicht an einer krankhaften Trauer.

KRITERIUM B: Traumatische Belastung	1	2	3	4	5
Machst du Umwege, um Erinnerungen an den Tod/den Verlust zu vermeiden?					
Hast du das Gefühl, dass eine Zukunft ohne ____________ sinn- bzw. zwecklos ist?					
Fühlst du dich innerlich taub oder gleichgültig gegenüber deiner Umwelt und dir selbst?					
Fühlst du dich gelähmt, erschüttert oder benommen?					
Kannst du den Verlust nicht glauben oder verdrängst du ihn?					
Denkst du, dass dein Leben derzeit bedeutungslos und leer ist?					
Fällt es dir schwer, dir ein glückliches Leben für deine Zukunft vorzustellen?					
Hast du das Gefühl, dass ein Teil deiner selbst ebenfalls verstorben/verloren ist?					
Hat der Verlust die Sicht, die du auf die Welt hast, maßgeblich verändert? (im negativen Sinne)					
Hast du dir Verhaltensweisen des Verstorbenen angeeignet oder lebst du noch nach demselben Schema, als er/sie/es noch bei dir war?					
Verspürst du Schmerzen im selben Körperteil, wie sie der Verstorbene spürte?					
Bist du wütend und verbittert über den Verlust?					

AUSWERTUNG: Wie oft hast du folgende Kästchen ausgefüllt?

1	2	3	4	5

Hast du mindestens sechs der oben gestellten Fragen mit einer (4) „oft" oder (5) „mehrfach am Tag" beantwortet, kannst du das KRITERIUM C bearbeiten. Ansonsten kannst du den Fragebogen an dieser Stelle beenden, denn du hast zwar nach wie vor am Verlust zu knabbern, leidest aber wahrscheinlich nicht an einer traumatischen Belastung.

KRITERIUM C: Die Dauer der Störung	JA	NEIN
Hast du die beschriebenen Gefühle seit mehr als sechs Monaten ununterbrochen oder in regelmäßigen Abständen?		

AUSWERTUNG: Hast du das KRITERIUM C mit einem Ja beantwortet?

Solltest du diese Frage mit „Ja" beantwortet haben, kannst du zum KRITERIUM D übergehen. Ansonsten kannst du den Test an dieser Stelle abbrechen. Du leidest zwar stark unter dem Verlust und zeigst erste Anzeichen einer gestörten Trauerphase, allerdings kannst du durch das Aufarbeiten und eine achtsame Lebensweise deine Emotionen selbst in den Griff bekommen und den Verlust gut verarbeiten.

KRITERIUM D: Die Beeinträchtigung im Alltag	1	2	3	4	5
Glaubst du, dass deine Trauer einen Einfluss auf dein Berufsleben hat?					
Spürst du selbst eine deutliche Beeinträchtigung deines sozialen					

KRITERIUM D: Die Beeinträchtigung im Alltag	1	2	3	4	5
Lebens?					
Fühlst du dich selbst eingeschlossen und machtlos gegenüber deinen Gefühlen?					

AUSWERTUNG: Wie oft hast du folgende Kästchen ausgefüllt?

1		2	3	4	5

Wenn du diese Fragen mit einer (4) „oft" oder (5) „mehrfach am Tag" beantwortet hast, kannst du davon ausgehen, dass starke Beeinträchtigungen in deinem Leben zu erkennen sind. Eventuell haben dich auch Freunde, Familie und Bekannte schon darauf angesprochen und dir mehrfach Hilfe angeboten. Du solltest mit einem Experten – das kann dein Hausarzt, ein Heilpraktiker, ein Psychotherapeut oder ein Psychologe sein – sprechen.

Du schaffst das!

Einige Tipps, um deine Trauer besser in den Griff zu bekommen, erhältst du im Kapitel „Die Trauerbewältigung". Versuche in Ruhe ein paar der dort beschriebenen Varianten und entscheide dann, welche dir persönlich guttun.

Fragebogen nach Horowitz et al. (1997) – Komplizierte Trauer

Solltest du zwar keine traumatische Trauer erlebt haben (wie im ersten Fragebogen beschrieben), aber du hast dennoch das Gefühl, dass dich deine innere Traurigkeit langsam zerfrisst, kann ein komplizierter Trauerprozess vorliegen, wie ihn der angesehene Psychologe Leonard M. Horowitz bereits im Jahr 1997 definierte und einen entsprechenden

Test erstellte. Beantworte die nachfolgenden Fragen gewissenhaft, in Ruhe und mit ausreichend Zeit. Achte darauf, dass du dir selbst gegenüber ehrlich bist, um ein genaues Ergebnis zu erhalten.

KRITERIUM A: Die Grundvoraussetzungen	JA	NEIN
Hast du den Verlust einer nahestehenden Person, eines Haustieres oder einer Sache/Status erfahren?		
Liegt dieser Verlust mehr als 14 Monate zurück?		

Kannst du diese zwei Fragen mit einem „Ja" beantworten, solltest du die Fragen unter KRITERIUM B beantworten. Sollten beide Fragen mit „Nein" beantwortet werden, kannst du entspannt bleiben und den Test beenden.

KRITERIUM B: Deine Gefühlslage	JA	NEIN
Hast du mindestens einmal am Tag Tagträume, intensive Erinnerungen oder Fantasien an den Verlorenen?		
Verspürst du mindestens einmal täglich einen intensiven Schmerz bezüglich des durchlebten Verlustes?		
Hast du mindestens einmal pro Tag eine starke Sehnsucht danach, dass der Verstorbene wieder leben sollte? Wünschst du dir mit einer starken Sehnsucht deine frühere Lebensweise zurück?		
Verspürst du mindestens einmal täglich ein Gefühl der Einsamkeit in Verbindung mit einer inneren Leere?		
Vermeidest du regelmäßig Plätze, andere Menschen oder Aktivitäten, die dich an den Verstorbenen bzw. an dein früheres Leben erinnern?		
Leidest du fast täglich unter Schlafstörungen?		
Verspürst du einen Verlust des Interesses an deiner Arbeit, die dir vorher gut gefallen hat?		

KRITERIUM B: Deine Gefühlslage	JA	NEIN
Sind dir soziale Aktivitäten und Verpflichtungen gleichgültig geworden?		

AUSWERTUNG: Wie oft hast du folgende Kästchen ausgefüllt?

JA	NEIN

Sind weniger als drei Fragen mit einem „Ja" beantwortet worden, kannst du noch relativ entspannt bleiben und deine Trauer weiter ausleben. Eine Besserung ist auf jeden Fall in Sicht. Dennoch musst du dich genau beobachten und auf Bemerkungen von außenstehenden Personen achten. Gehen diese in eine vermehrt negative Richtung, ist Handlungsbedarf vorhanden.

Hast du mindestens drei der obigen Fragen mit einem „Ja" beantwortet, kannst du von einem komplizierten Trauerprozess ausgehen. Das Gespräch mit einem ausgebildeten Psychologen, Psychotherapeuten, Heilpraktiker, Seelsorger oder mit deinem Hausarzt ist dringend angeraten. Sei dabei ganz offen zu dir selbst und deinem Gegenüber. Eine komplizierte Trauer spricht dafür, dass du eine bestimmte Phase des Trauerprozesses noch nicht ganz durchlaufen hast und aus einem persönlichen, emotionalen Grund feststeckst. Bei einem Gespräch mit einem Experten wirst du auf Einfühlungsvermögen und Verständnis stoßen. Er wird dir gezielte Techniken, Übungen und Ratschläge geben können, wie du deine Gefühlslage verbessern kannst.

Trauerphasen nach Verena Kast

Frau Verena Kast wurde im Jahr 1943 in Wolfhalden (Schweiz) geboren. Sie arbeitete als Psychologin sowie angesehene Professorin der Psychologie. Durch verschiedene wissenschaftliche Veröffentlichungen erlangte sie großes Ansehen in ihrem Fachbereich. Ihre Auffassung des Trauerprozesses orientiert sich stark an den Trauerphasen nach Kübler-Ross, dennoch lassen sich einige Unterschiede erkennen.

Die meisten Phasen verlaufen sukzessiv. Das bedeutet, dass sie ineinander übergehen und nicht streng voneinander getrennt werden können. Für dich ist eine grobe Einordnung sehr hilfreich, denn du kannst basierend auf der Phasenanalyse eine entsprechende Methode wählen, die dir beim Trauerprozess hilft. Entsprechende Varianten findest du im Kapitel „Die Trauerbewältigung".

Phase EINS – Das Leugnen der Tatsachen

In dieser ersten Phase wird der Verlust zunächst verleugnet, was einen gewissen Selbstschutz darstellt. Die Betroffenen fühlen sich eher emotionslos und sehen für Außenstehende meist apathisch aus. Abhängig davon, ob der Verlust sehr plötzlich auftrat oder sich die Seele bereits darauf vorbereiten konnte, dauert diese Phase nur wenige Tage bis Wochen an. Ein weiteres Kriterium ist, wie eng die Bindung zwischen dem Verstorbenen und dem Trauernden war.

Phase ZWEI – Die aufbrechenden Emotionen

In der zweiten Phase kommen verschiedene Emotionen zum Vorschein. Typischerweise sind das Wut, Trauer, Zorn, Angst und auch Freude darüber, dass der Verstorbene nicht (länger) leiden musste. Weitere Symptome dieser Phase sind folgende:

- Ruhelosigkeit und Schlafstörungen;

- die Suche nach einem Schuldigen (z.B. Arzt);

- Schuldgefühle, dass etwaige Probleme oder Missverständnisse nicht mehr geklärt werden konnten;

- Aggression gegenüber der allgemeinen Situation, auch in Zusammenhang mit dem eigenen Glauben (wieso hat Gott das zugelassen?).

Wird sich in dieser Phase nicht ausreichend Zeit gelassen, werden Gefühle bewusst unterdrückt oder können bestimmte Fragen nicht beantwortet werden, führt das zu einem Stehenbleiben. Betroffene kommen dann aus dieser zweiten Phase der Trauerbewältigung nicht mehr heraus, sondern beschäftigen sich teilweise Jahre damit. Besonders häufig bleiben Menschen an diesem Punkt stecken, die von Kindheitsbeinen an gelernt haben, dass negative Gefühle verdrängt bzw. kontrolliert werden müssen.

Solltest du selbst merken, dass du aus deiner Trauer nicht selbst herauskommst, ist die Wahrscheinlichkeit, dass du in dieser zweiten und sehr wichtigen Phase steckst, sehr hoch.

Phase DREI – Suchen, finden, sich trennen

Hast du die zweite Trauerphase nach einiger Zeit überwunden, wirst du bewusst oder unbewusst den Verstorbenen „suchen". Das bedeutet, dass bestimmte Orte aufgesucht werden, die mit dem Verlorenen in Verbindung gebracht werden. Das kann die Wohnung genauso sein wie ein Café, ein Park oder ein bestimmter Supermarkt. Zudem wird das Durchsehen gemeinsamer Fotos und das Träumen von der verstorbenen Person immer häufiger und intensiver. Bestimmte Gerüche wirst du jetzt aktiv in Verbindung mit ihm/ihr bringen. Einige Trauernde neigen auch dazu, im Gedanken oder sogar laut mit der verstorbenen Person zu sprechen.

Das alles ist vollkommen normal und kein Grund zur Sorge. Für den Trauerprozess selbst ist es sogar ein sehr gutes Zeichen, denn deine Psyche setzt sich mit dem Verlust auseinander und realisiert den Unterschied zwischen damals und heute. Je inniger die Beziehung war, desto intensiver wird meist auch diese Phase erlebt. Zum Ende dieses Prozesses solltest du auch etwaige Probleme oder Schuldgefühle aufgearbeitet haben, um einen Neustart wagen zu können.

Solltest du hingegen merken, dass der Verlorene zu einem inneren Begleiter wird, der auch nach mehreren Wochen noch eine fast schon besitzergreifende Wirkung auf dich hat, sollte ein Psychologe aufgesucht werden.

Phase VIER – Der neue Weltbezug

In der vierten Phase wird der Bezug zu sich selbst und der Umwelt wieder deutlich klarer. Du akzeptierst nun den Verlust und bist bereit, in ein neues Leben zu starten. Das bedeutet nicht, dass du den einst so geliebten Menschen vergisst. Vielmehr wird er zu einer inneren Person und zu einem Teil deiner Vergangenheit, die dich zu dem macht, was du jetzt bist. Viele Betroffene ändern in dieser Phase radikal ihr Äußeres, ihre Lebens- und Verhaltensweisen. Das ist vollkommen normal und umso intensiver, je enger die Beziehung mit dem Verstorbenen war.

Psychologin Verena Kast setzte mit diesem Modell einen Meilenstein in der Selbstdiagnose von trauernden Menschen. Durch ein selbstkritisches Einschätzen des eigenen Verhaltens und der eigenen Gefühlswelt kannst du deine persönliche Trauerphase gut erkennen. Solltest du feststellen, dass du auch nach längerer Zeit noch nicht vorankommst in der Bewältigung deiner Gefühle, sollten gezielte Maßnahmen getroffen werden.

Trauerphasen nach Elisabeth Kübler-Ross

Elisabeth Kübler-Ross, 1926 in Zürich geboren, war eine anerkannte US-amerikanische Psychiaterin mit schweizerischen Wurzeln. Während ihrer Arbeit befasste sie sich fast ausschließlich mit dem Thema Trauerarbeit und stellte nach jahrelanger therapeutischer Tätigkeit ein Konzept aus fünf Phasen zusammen, das den Trauerprozess nach dem Tod eines geliebten Menschen gut beschreibt.

Phase EINS – Leugnen und Isolierung

In der ersten Phase wird deutlich, dass sich sowohl die Erkrankten selbst als auch die Familienangehörigen gegen die Diagnose stellen. Das bedeutet, dass sie den bevorstehenden Tod wegschieben und leugnen wollen. Häufig kommt es in dieser Phase zu einer Art Isolation der beteiligten Personen.

Phase ZWEI – Zorn

Als Folge des Leugnens und der Isolierung verspüren Erkrankte oft Neid gegenüber den Gesunden. Sie ziehen sich in eine Art eigene kleine Welt zurück, in der sie selbst Ungerechtigkeit empfinden. Die Frage „Warum passiert mir das?" ist sehr weit verbreitet. Oft kommt es in diesem Zusammenhang auch zu unkontrollierten Wutausbrüchen, die sich die Betroffenen selbst oft nicht erklären können. Viele Erkrankte verspüren in der zweiten Phase zudem eine Art Angst des Vergessens. Sie haben Angst davor, dass sich ihre Liebsten nach einiger Zeit nicht mehr an sie erinnern werden.

Nach dem Tod verspüren die Hinterbliebenen in der zweiten Trauerphase ebenfalls Wut und Zorn. Sie fragen sich: „Wieso musste ausgerechnet er/sie gehen?" Wichtig ist dann, dass Bezugspersonen zur Seite stehen, die diesen Zorn aushalten können, ohne ihn persönlich zu nehmen.

Sowohl Erkrankte als auch Hinterbliebene wünschen sich in dieser Zeit einen Fels in der Brandung, von dem sie Unterstützung, Liebe und Verständnis erfahren.

Phase DREI – Verhandeln

Das Verhandeln ist eine etwas diffuse Übergangsphase, die zwar meist sehr kurz, aber dennoch sehr intensiv erlebt wird. Betroffene versuchen mit „guten Taten" eine Belohnung zu erhalten, sprechen in dieser Phase oft von Karma oder dem Handel mit Gott. Kirchengänge, exzessives Spenden oder übertriebene Hilfsbereitschaften sind in dieser Verhandlungsphase häufig zu erkennen.

Hinterbliebene durchlaufen ebenfalls eine Art Verhandlungsphase, die allerdings deutlich unauffälliger stattfindet. Sie suchen eher nach dem Sinn, der mit dem Verlust des geliebten Menschen verbunden ist. Wie bei den Kranken wird auch hier häufig ein Wandel zum „Gutmenschen" erkennbar oder das intensive Insichgehen und Nachdenken.

Phase VIER – Depression und Leid

Verzweiflung und Verlust sind die wohl schmerzhaftesten Gefühle, die die Seele kennt. Genau diese kommen in der vierten Phase zum Vorschein. Im ersten Teil wird zunächst das betrauert, was bereits verloren ist. Im Falle der Erkrankten ist das zum Beispiel ein Körperteil, die Gesundheit, das alte Leben, der Job etc. Bei Hinterbliebenen ist das nach Elisabeth Kübler-Ross die verstorbene Person selbst. Im zweiten Teil wird sich dann um den möglichen Verlust in der Zukunft gesorgt. Das ist im Regelfall die Angst davor, wie es weitergehen soll.

Wichtig ist, mit einem anderen Menschen zu sprechen. Beziehungsweise der kranken Person eine Stütze zu sein. Obwohl es schwerfällt, sollten vor allem positive Gedanken und Gespräche stattfinden. Natürlich darfst und sollst du auch über deine Ängste sprechen. Halte dich aber von Menschen fern, die dich in deinen depressiven Verstimmungen bestärken. In dieser Phase benötigst du jemanden, der mit viel Feingefühl, Empathie und Positivität dich nach oben zieht.

Phase FÜNF – Annahme

Die fünfte Phase ist die Endphase, die von Angehörigen eines kranken Menschen oft am intensivsten wahrgenommen wird. Sie zeichnet sich dadurch aus, dass der bevorstehende Tod akzeptiert und meist sogar gewünscht wird. Das berühmte „Aufgeben" ist aus psychologischer Sicht ein wichtiger Schritt für beide Parteien. Für den Erkrankten ist es eine Zeit des Abschlusses. Er hat mit sich und seinem bevorstehenden Ende Frieden geschlossen. Oft möchten die betroffenen Personen in dieser Zeit noch einmal alle geliebten Menschen und auch Menschen, mit denen sie eigentlich im Streit stehen, sehen.

Für Angehörige ist diese Phase für die Akzeptanz und das Bewusstsein sehr wichtig. Du solltest dich nicht dagegenstemmen. Beschäftige dich mit dem bevorstehenden Abschied und sei da für deinen Lieblingsmenschen. Im Nachhinein berichten viele Hinterbliebene, dass sie sehr froh und glücklich sind, diese Phase an der Seite des Erkrankten durchgestanden zu haben. Es wird dir bei der anschließenden Bewältigung sehr helfen.

Das Besondere an dem Modell nach Kübler-Ross ist, dass es maßgeblich von den sterbenden Personen selbst geprägt und entwickelt wurde. Die Psychiaterin investierte hierfür sehr viel Zeit und Energie. In Zusammenarbeit mit Medizinstudenten sowie Seelsorgern großer Kliniken führte sie eine Art Interview mit todkranken Patienten durch. Dabei war es ihr Anliegen, von den Sterbenden selbst zwei Aspekte zu erfahren:

1. Wie gehen sie selbst mit ihrem Tod um und welche Hilfe erwarten sie sich von Pflegepersonal und Ärzten?

2. Was erwarten sie von ihren Angehörigen sowohl als Sterbebegleitung als auch nach ihrem Tod?

Eine noch ausführlichere Variante der Forschungsarbeit von Elisabeth Kübler-Ross findest du in ihrem 1969 erschienenen Buch „On Death and Dying. What the dying have to teach doctors, nurses, clergy, and their own families".

Geprägt von ihren Erfahrungen und einigen Schicksalsschlägen zum Ende Ihres Lebens resümierte diese beeindruckende Wissenschaftlerin: „Die schwerste Lektion ist die bedingungslose Liebe. Der Tod ist nichts, was du fürchten müsstest. Er kann zur schönsten Erfahrung deines Lebens werden. Alles hängt davon ab, wie du gelebt hast. Der Tod ist nur Übergang von diesem Leben zu einer anderen Existenz, in der es keinen Schmerz und keine Angst mehr gibt. Mit Liebe lässt sich alles ertragen." (Zitat aus der Autobiografie von Kübler-Ross)

Dich mit diesem Modell zu befassen und das Geschehene nochmals Revue passieren zu lassen, kann eine gute Unterstützung für die Trauerbewältigung sein. Versuche dich in die Situation des Verstorbenen zu versetzen. Hätte er gewollt, dass du so sehr trauerst, oder hat er doch wohl eher dein Glück ersehnt?

Ändern wir unseren Blickwinkel und sehen den Abschied mit den Augen des Verstorbenen, wird schnell diese unglaubliche Ruhe sichtbar, die mit dem Tod verbunden ist. Wenn die Person selbst ihr Ende akzeptiert hat, wieso sollten wir das nicht auch können? Wenn sie unser Glück wollte, wieso können wir das nicht auch wollen?

Trauerphasen nach John Bowlby

Edward John Mostyn Bowlby wurde bereits 1907 in London geboren und war Zeit seines Lebens ein angesehener britischer Kinderarzt mit Fachrichtung Kinderpsychiatrie und Psychoanalyse. Er zählte nicht nur als Pionier der Bindungsforschung, sondern stellte auch fundierte Theorien zum Thema Trauer vor allem bei Minderjährigen auf. In seinem Werk „Attachment and Loss, Volume 3: Loss – Sadness and Depression" ist dies nachzulesen. Hierbei geht der britische Wissenschaftler nicht nur von einer reinen Prozessanalyse aus, sondern beleuchtet auch die möglichen Hilfsmaßnahmen, die Angehörige, Freunde und Familie für die Trauernden unternehmen können.

Phase EINS – Betäubung

Wie schon andere Psychologen stellte auch Bowlby eine anfängliche Phase der Betrübtheit fest. Laut seines Forschungsergebnisses dauert diese Phase einige Stunden bis hin zu einer Woche an. Kinder kämen dabei meist besser klar als Erwachsene und würden nicht ganz so lange in dieser Betäubung feststecken. Gelegentliche Emotionsausbrüche sind zu erwarten, die durch gewisse Schlüsselreize oder auch unerwartet auftreten können.

Phase ZWEI – Sehnsucht und Suche

Als zweite Phase werden die Sehnsucht und Suche beschrieben. Diese kann mehrere Monate oder sogar Jahre andauern. Die Dauer hängt maßgeblich vom Bindungsgrad sowie der emotionalen und psychischen Festigung der Trauernden zusammen. Der Verlust wird zwar akzeptiert, allerdings sucht das Unterbewusstsein immer wieder nach bestimmten Signalen, Geräuschen etc., die auf eine Rückkehr deuten.

Ein weiteres Kennzeichen dieser Phase ist starker Zorn. Dieser richtet sich gegen die Situation, nun alleine zurückzubleiben. Betroffene fühlen sich während dieser Zeit oft hilflos und ohne Sinn. Eine Überforderung durch eigentlich alltägliche Situationen ist oft dauerhaft gegeben. Bei Kindern kann sich dies auch in starken Protesten, Auflehnung, Ausbrechen aus den Regeln oder Verweigerung äußern.

Phase DREI – Desorganisation und Verzweiflung

Nach dem Zorn, der Sehnsucht und der Suche lässt sich eine allgemeine Desorganisation beobachten. Sie überschneidet sich zweifelsohne mit der Phase ZWEI, wird aber im weiteren Verlauf des Trauerprozesses immer deutlicher. Alte Denk- und Verhaltensmuster abzulegen, erscheint unvorstellbar und ist für die Betroffenen oft sehr schmerzhaft. Die einfachsten Tätigkeiten können nicht mehr koordiniert werden, was zu einer allgemeinen Verzweiflung führt. Den neuen Alltag zu gestalten, ist ohne fremde Hilfe meist nicht mehr möglich. In einigen Fällen können sogar eine Depression sowie Teilnahmslosigkeit auftreten. Meist verbringen betroffene Menschen den kompletten Tag vor dem Fernseher, starren in die Luft oder rennen hektisch durch die Wohnung, ohne dabei etwas Sinnvolles zu verrichten. Das komplette Verhalten wirkt für Außenstehende eher desorientiert und chaotisch.

Solange sich der Betroffene in dieser Phase befindet, wurde der Verlust der Bezugsperson noch nicht vollständig verarbeitet. Eine komplette Akzeptanz ist kaum möglich.

Phase VIER – Reorganisation

Die Reorganisation wird allgemein als eine Phase des Neuanfangs betrachtet. Der Verlust ist nun akzeptiert und weitgehend verarbeitet, sodass der Schritt in ein eigenständiges, neues Leben gewagt werden kann. Der Betroffene denkt aktiv über Bewältigungsmöglichkeiten nach und erlangt dadurch auch ein neues Selbstbewusstsein. Durch die durchlebten Ereignisse wird meist ein neues Stadium der persönlichen Reife erlangt, was zu einer neuen Betrachtung auf die Welt und die eigene Zukunft sorgt. Das „Ich" und die eigene Funktion innerhalb der Gesellschaft werden überdacht. Viele Menschen ändern ihr Leben deshalb und machen eine Drehung um 180° durch.

Als Angehöriger ist es wichtig, diese Phasen zu akzeptieren und den Betroffenen darin zu unterstützen. Vor allem für Kinder und Jugendliche ist es nun wichtig, eine liebende Ersatzperson zu finden, die Halt und Geborgenheit gibt. Ein Druck zur Bewältigung ist absolut Fehl am Platz. Vielmehr sollte diese neue Vertrauensperson ein offenes Ohr, viel Zeit und Geduld haben. Sicherlich ist der enge Kontakt mit einem Kinder- und Jugendpsychologen angeraten, um bei möglichen Komplikationen während des Trauerprozesses direkt intervenieren zu können. Freunde sollten in dieser Zeit ebenfalls stützend zur Seite stehen. Sicherlich ist es nicht schlecht, die trauernde Person zu entsprechenden Aktivitäten mitzunehmen. Dabei sollte aber immer auf deren Befinden geachtet werden. Vielen Menschen ist es in dieser Situation zu viel, an sehr lauten und aufregenden Orten zu sein. Das gesunde Mittelmaß zwischen einem Ablenkungsmanöver und dem Trauerprozess ist deshalb sehr wichtig.

Zum natürlichen Heilungsprozess der Trauer sagte Edward John Mostyn Bowlby einst: "The human psyche, like human bones, is strongly inclined towards self-healing." (in Deutsch: Die menschliche Seele neigt, genau wie menschliche Knochen, zur Selbstheilung.)

Übertragen auf den Trauerprozess sollten Angehörige dem Trauernden also ausreichend Zeit lassen, um sich mit dem Verlust auseinanderzusetzen und ihn zu verarbeiten. Mit langsamen Schritten wird sich die Psyche dann von selbst erholen können.

Trauerphasen nach Bowlby und Parkes -Verlust eines ungeborenen Kindes

Angelehnt an seine bisherigen Ergebnisse in der Trauerforschung, betrachtete Edward John Mostyn Bowlby zusammen mit Colin Murray Parkes ein vierphasiges Modell des Trauerprozesses bei jungen Frauen, die ihr noch ungeborenes Kind verloren haben. Hierbei wurde vor allem die Langwierigkeit der Genesung hervorgehoben. Der Trauerprozess kann durch das sehr traumatische Ereignis des Verlustes des eigenen Babys einige Jahre oder sogar ein Leben lang andauern. Vor allem an Jahrestagen sei ein regelmäßiges Zurückfallen in die Traurigkeit sehr häufig anzutreffen.

Phase EINS – Inneres Chaos

Das Verlieren des eigenen Kindes ist das absolut Schlimmste, was einer Mutter passieren kann. Vor allem, wenn das Baby noch im Mutterleib liegt und eine entsprechende Geburt des toten Fötus eingeleitet werden muss. Wohl kaum jemand, der das noch nicht erleben musste, kann diesen schier endlosen Schmerz, der die einstige Mutter von innen zerreißt, nachvollziehen. Der sonst so selbstverständliche innere Dialog mit dem eigenen Baby ist von einem Moment auf dem anderen nicht mehr möglich.

Jede Frau reagiert im Moment der Diagnose anders. Doch am häufigsten kommen die Reaktionen der Verleugnung, der panischen Angst sowie des Unglaubens und des Schockzustands zum Vorschein. Auf der einen Seite weiß die betroffene Frau, dass es wahr ist und etwas sehr Schreckliches passiert ist. Auf der anderen Seite möchte sie es nicht realisieren und weiß gar nicht so recht, wie sie damit umgehen sollte. Die Ausprägung sowie die Dauer dieses ersten inneren Chaos hängt von folgenden Aspekten ab:

- Wie eng war bereits die Beziehung und die Mutterliebe zwischen Kind und Mama?

- In welcher Schwangerschaftswoche verlor die Frau ihr Baby?

- Wie wird das Kind aus dem Mutterleib geholt? Muss eventuell eine komplette Geburt eingeleitet werden?

- Welche körperlichen Beschwerden ergeben sich aus diesem Ereignis?

- Wie alt ist die Frau bereits, und wie lange hat sie schon einen Kinderwunsch?

- Wie ist ihr Charakter, und welche Verluste musste sie bereits in jüngster Vergangenheit erleiden?

In einem sehr frühen Stadium dauert diese Phase meist nur wenige Stunden oder Tage an. Kommt es allerdings im zweiten oder dritten Trimester zu einem Schwangerschaftsabbruch, kann die Phase EINS auch mehrere Wochen dauern. Hinzu kommen Ohnmachtserfahrung, Hilflosigkeit, Traurigkeit, Sehnsucht, Weinen, Wut oder auch ein Taubheitsgefühl.

Phase ZWEI – Realisierung

Nach der ersten Phase wird langsam realisiert, was geschehen ist. Das Kind ist weg. Es ist gestorben. Charakteristisch für diese zweite Phase ist Verzweiflung gemischt mit Enttäuschung, Wut und Ärger. Zudem können immer wieder Beschuldigungen gegenüber sich selbst oder den Ärzten bzw. anderen Personen auftreten. Die Realisierung eines so schlimmen Ereignisses ist die schmerzhafteste Zeit im Leben einer Mutter.

In dieser Phase wünschen sich viele Frauen, alleine sein zu dürfen, und dennoch brauchen sie gleichzeitig Zugang zu einer Vertrauensperson, um mit ihrem Schmerz nicht alleine sein zu müssen. Wichtig ist, dass Angehörige nun immer erreichbar sind und ein offenes Ohr haben, viel

Liebe spenden und die Emotionen akzeptieren. Hektik ist absolut fehl am Platz.

Phase DREI – Auflösung

In der Phase der Auflösung, die nach einigen Monaten nach dem Tod des Kindes beginnt, flacht die Beschäftigung mit dem eigenen Kind langsam ab. Die inneren Monologe werden langsam weniger, und die Mutter des Sternenkindes scheint langsam wieder zurück ins Leben zu kommen. Erstes Interesse an der Umwelt wird gezeigt, und die Gespräche beziehen sich immer mehr auch wieder auf das Gegenüber. Die Ich-Bezogenheit, die in den ersten zwei Phasen vorhanden war, flacht peu à peu ab. In dieser Zeit können Ablenkungsversuche gestartet werden. Das gemeinsame Shopping, ausgiebige Spaziergänge, Familienfeiern und vieles mehr werden wieder realisierbar.

Diese Phase hat zu keinem Zeitpunkt etwas mit Vergessen zu tun. Vielmehr wird der Tod nun akzeptiert, und der Blick in die Zukunft wird wieder realistisch. Geschwisterkinder nehmen ihre Mutter nun wieder als aktiven Teil wahr, und alltägliche Aufgaben werden langsam übernommen. Viele Mütter scheuen sich in gewisser Weise vor dieser Phase, denn sie haben das Gefühl, das Sternenkind im Stich zu lassen. Sie haben Angst, dass das eigene Sternenkind in Vergessenheit gerät.

Diese Angst kann dir jetzt genommen werden. Ein Kind, ob auf Erden oder im Jenseits, wird immer an deiner Seite sein. Es bleibt immer in deinem Herzen und ist somit auch für andere Familienmitglieder, Freunde und Bekannte präsent. Auch dein Sternenkind benötigt eine starke Mama, die für es kämpft und aktiv am Leben teilnimmt. Auch das Sternenkind möchte dich glücklich sehen.

Phase VIER – Stabilisierung

Die Stabilisierungsphase tritt nach circa einem bis zwei Jahren ein. Das psychische Gleichgewicht ist zum größten Teil wiederhergestellt und die Mutter nimmt erneut aktiv am Leben teil. Ein neuer Job, neue Hobbys oder sogar ein kompletter Wohnungswechsel sind möglich.

Komplikationen sind nach Edward John Mostyn Bowlby und Collin Murray Parkes bei dieser Personengruppe sehr häufig anzutreffen. In jeder Phase des Trauerprozesses kann eine entsprechende chronische Traurigkeit auftreten. Ebenso ist die Verleugnung oder Vermeidung des Schmerzes sehr häufig vorhanden, wodurch eine komplette Genesung nicht möglich ist. Als Folge dieser Verleugnung und damit der Verdrängung der eigenen Gefühle sind Depressionen sowie Suizidgedanken auffallend oft zu erkennen. Nicht zuletzt deshalb sollte nach einer Totgeburt bzw. nach einem unerwarteten Schwangerschaftsabbruch immer ein Seelsorger, Psychotherapeut oder Heilpraktiker mit Trauerbegleitungsausbildung konsultiert werden.

Eines sollte dem Umfeld einer Mutter, die ihr Kind verloren hat, bewusst sein: Die Art der Reaktion, die Dauer des Trauerprozesses oder die Stärke der Gefühle stehen in keinem Zusammenhang mit der Liebe, die sie bereits für das Kind hatte. Vielmehr ist es ein Aspekt des Charakters. Viele Mütter, denen so etwas passiert, leiden auch noch bei späteren Schwangerschaften und der darauffolgenden Erziehung der Kinder unter den Folgen. Überbehütung der Geschwister oder auch eine übermäßige Strenge können Konsequenzen sein.

Vielen Müttern tut es gut, über das Geschehene zu reden. Sie gehen meist nach wie vor einkaufen für das ungeborene Kind und sorgen sich darum. Ein kleiner Traueraltar im eigenen Haus, ein wunderschönes Grab oder auch das Verbringen im bereits vorbereiteten Kinderzimmer können bei der Bewältigung des Verlustes helfen. Freunde, Verwandte und Bekannte sollten viel Verständnis und Geduld mitbringen. Ein offenes Ohr, um über die verlorene Zukunft sprechen zu können, kann sehr hilfsreich sein. Andererseits ist aber auch wichtig, die Mutter des „Sternenkindes" nicht dazu zu drängen. In dieser Situation entscheidet sie, wann sie wem wieviel preisgibt!

Trauerphasen nach Yorick Spiegel

Yorick Spiegel wurde im Jahre 1945 in Deutschland geboren und war – im Gegensatz zu den anderen hier aufgeführten Experten – kein Psychologe oder Arzt, sondern ein evangelischer Theologe. Nach seinem Studium an der Universität in Frankfurt am Main betreute er während seiner Arbeit in der Kirche vor allem Hinterbliebene verstorbener Menschen. Daraus entwarf er ein allgemeingültiges Modell des Trauerprozesses, das noch heute von vielen Theologen in der Seelsorge als grober Leitfaden herangezogen wird. Festgehalten ist dieser Prozess in der 1972 erstellten Habilitationsschrift.

Phase EINS – Schockphase

Nach der Todesnachricht fallen Hinterbliebene, so Yorick Spiegel, in eine Schockphase. Nur wenige Stunden oder Tage dauert diese Schockphase an und wird durch die Auflösung der Konfrontation meist aufgelöst. Spiegel stellte fest, dass die Dauer dieser ersten Phase maßgeblich davon abhängt, ob der Tod erwartet oder unerwartet (Unfall) eintritt.

Während dieser Zeit wird nur wenig von der Umwelt wahrgenommen und sind die Betroffenen nur schwer ansprechbar. In einigen Fällen kann eine komplette Apathie vorliegen. Abhängig von der Härte des Schocks kann zudem das eigene Weltbild und das eigene Leben als zusammenbrechend empfunden werden.

Mittels Unterstützung durch professionelle Seelsorger sowie Angehörige und Freunde können die Hinterbliebenen ihre Gefühle unter Kontrolle halten und den Tod besser akzeptieren. Die Schockphase kann dann also deutlich schneller und unkomplizierter überwunden werden. Yorick Spiegel beschreibt aber auch, dass die Schockphase für den nachfolgenden Trauerprozess sehr wichtig ist.

Phase ZWEI – Kontrollierte Phase

In dieser Phase wird der Trauernde langsam aktiv, um seine eigenen Emotionen besser kontrollieren zu können. Was bereits zum Ende der ersten Phase stattgefunden hat, wird nun nochmals weiter ausgebaut.

Damit diese Phase erfolgreich ablaufen kann, müssen laut Yorick Spiegel sowohl Angehörige als auch der Trauernde selbst zusammenarbeiten. Gemeinsame Aktivitäten sollen Ablenkung verschaffen, um einen möglichen Zusammenbruch zu verhindern. Zudem werden die Beerdigung sowie die Trauerfreier gemeinsam organisiert.

Durch das Abnehmen oder Unterstützen bei Aufgaben, die im Zusammenhang mit dem Verlust auftreten oder mit dem Alltag, wird eine Überforderung der trauernden Person verhindert. Sich selbst sieht der Trauernde eher passiv und ist kaum in der Lage, eigene Entscheidungen zu treffen. Einen klaren Gedanken zu fassen, fällt nach wie vor schwer. Nach den Beobachtungen des Theologen nimmt der Trauernde sehr stark die Differenz zwischen sich selbst und der Umwelt wahr.

Im Inneren entsteht oft ein Gefühl der Leere, die durch den Schmerz entsteht und durch die Leugnung verdrängt wird. Dies sei eine natürliche Abwehrreaktion, die dem Betroffenen die Selbstkontrolle ermögliche. Durch den damit verbundenen Energieaufwand sei eine normale Kommunikation kaum noch möglich, was sich durch intensives Schweigen äußere. Das Ende der zweiten Phase ist meist durch die Beerdigung angekündigt.

Phase DREI – Phase der Regression

Die dritte Phase ist geprägt von einem Rückzug zum normalen Leben. Der Betroffene ist dann mehr oder weniger auf sich allein gestellt, denn die Umwelt hat sich weitestgehend zurückgezogen. Langsam wird der trauernden Person bewusst, dass sich der Alltag um 180° gedreht hat und er nun auf sich alleingestellt ist. Infolgedessen können immer wieder kleinere Nervenzusammenbrüche, Aggressivität und eine allgemeine Emotionalität ersichtlich sein. Zudem kann häufig auch ein Aufgeben und Hilflosigkeit zu erkennen sein. Nichtsdestotrotz werden Hilfsangebote von Freunden, Bekannten und Verwandten meist abgelehnt. Für Außenstehende lassen sich meist folgende Symptome erkennen:

- Appetitlosigkeit,

- Schlaflosigkeit und Schlafstörungen (Albträume etc.),

- permanente Müdigkeit,

- Missbrauch von Alkohol, Medikamenten oder Nikotin,

- Abschottung von der Außenwelt.

Um seine Situation wieder in den Griff zu bekommen, wird häufig versucht, auf die Erfahrungen aus anderen Krisensituationen in der Vergangenheit zurückzugreifen. Da diese aber meist zusammen mit der verstorbenen Person bewältigt wurden, ist ein derartiges Verhalten eher kontraproduktiv.

Yorick Spiegel beschreibt die Phase der Regression als eine Art Zwischenzustand. Der Betroffene kann sich noch nicht vom Verstorbenen lösen, schafft es aber auch nicht, seinen normalen Alltag und vor allem sein Sozialleben zu meistern. Im weiteren Verlauf dieser Phase, die mehrere Monate andauern kann, versucht der Trauernde immer mehr, mit den Konsequenzen des Verlustes zu leben. Die adaptive Phase kann langsam eingeleitet werden.

Phase VIER – Phase der Anpassung

In der vierten Phase befindet sich die hinterbliebene Person auf dem Weg zurück in ihr Leben. Freunde, Beruf, Hobbys und der Alltag sind wieder machbar und bringen Freude. Der Verlust ist mittlerweile gut verarbeitet. Dennoch können nach wie vor noch Gefühlsausbrüche in Erscheinung treten. Vor allem in Situationen oder an Orten, die mit der verstorbenen Person in Verbindung gebracht werden, ist das häufig der Fall. Die vierte Phase kann mehrere Monate andauern und verläuft keineswegs linear. Vielmehr ist es ein Auf und Ab verschiedener Gefühlslagen, Gemütszustände und Fortschritte.

Diese Art der Betrachtung ist vor allem deshalb so interessant, weil sie als einziges Modell nicht von einem Psychologen, sondern einem Theologen stammt. Yorick Spiegel ging an die Beobachtung mit viel Zeit, Vertrauen sowie Geduld heran. Während seiner Arbeit in der Seelsorge hat er Menschen unterschiedlichen Alters und Herkunft in ihrem Trauerprozess begleitet. Du wirst wahrscheinlich erkennen, dass Spiegel eher aus der Sicht einer reinen Begleitperson spricht, wohingegen die Trauermodelle von Bowlby, Parks, Kübler-Ross und Kast aus einer eher analytischen Perspektive erfolgen.

Die Beschreibungen von Yorick Spiegel sind deshalb für das allgemeine Verständnis eines Trauerprozesses sehr wertvoll. Sie zeigen dir und deinen Angehörigen, wie du/sie mit einem trauernden Menschen umgehen solltest/sollten. Das Zusammenspiel sozialer Kontakte und die Gefühlslage eines Hinterbliebenen sind demnach als Ganzes bzw. Zusammenhängendes zu betrachten.

Was löst Trauer aus? Die Ursachen

Traurigkeit und Trauer sind – wie bereits beschrieben – ganz natürliche emotionale Reaktionen, die evolutionsbiologisch bedingt sind. Für das Überleben eines Individuums ist die Gemeinschaft sehr wichtig. Sie gibt Halt, Rückendeckung in Kampfsituationen, pflegt im Krankheitsfall und versorgt sich gegenseitig mit Lebensmitteln. Schon in der Steinzeit vereinten sich verschiedene Menschen zu einer Sippe, die gemeinsam umherzog. Starb ein Mitglied dieser Sippe war das ein großer Verlust für die Gruppe, denn vor allem in Zeiten, in denen lediglich ein paar Dutzend Gruppenmitglieder vorhanden waren, hatte jeder eine ganz bestimmte Aufgabe zu erfüllen. Mit jedem Tod war also ein Loch entstanden, das gefüllt werden musste. Ähnlich erging es den Menschen ein paar Jahrtausende später mit ihren Bauernhoftieren. Durch den Tod einer Ziege, einer Kuh oder einem Pferd war ein großes Loch im Ernährungsplan entstanden, das wieder gefüllt werden musste. Aus dieser Angst heraus entstand die emotionale Bindung, die das Überleben der kompletten Sippschaft sicherstellte.

Obwohl wir heute nicht mehr in kleinen Sippen, sondern großen Gesellschaften leben, in der jeder Mensch unterschiedliche Jobs übernehmen kann und ein Sozialsystem des Staates einen existenziellen Fallschirm darstellt, ist die Trauer um eine verstorbene Person, Sache oder Lebewesen genauso groß. Vielmehr könnte man sogar sagen, dass die emotionale Bindung deutlich stärker geworden ist und der Verlust deshalb umso intensiver wahrgenommen wird. Die Trauer hat sich also von einer reinen Existenzangst hin zu einer emotionalen Verlustangst gewandelt.

Das Zusammenspiel von Trauer und Trauma

Besonders gefährdet, an einer traumatischen Trauer zu leiden, sind Kinder und Jugendliche, die bereits an einer Posttraumatischen Belastungsstörung (PTBS) leiden. Dies gilt natürlich auch für Erwachsene, jedoch können diese ihren Schmerz häufig besser verarbeiten als Kinder. Hierzu kannst du auch das Kapitel „Die Trauerbewältigung" lesen, in welchem auf den Unterschied zwischen dem Trauerprozess von Kindern und Erwachsenen eingegangen wird. Besonders stark wird die Trauer ausgelöst, wenn ein traumatischer Verlust einer Bezugsperson vorliegt. Minderjährige können eine isolierte Betrachtung der Todes- sowie Trauerfälle meist nur sehr schlecht durchführen, weshalb es zu starken Vermischungen kommt. Studien zeigten, dass Kinder, deren Eltern während eines Gewaltverbrechens starben, ein hohes Maß an posttraumatischen Stresssymptomen aufwiesen. Dazu gemischt wurden Reaktionen der Intrusion, der Vermeidung und des Schreckens.

Trauma	Trauer
Intrusion in Form von immer wiederkehrenden Erinnerungen und einem traumatischen Spiel, Träume sowie starke psychosomatische Belastungsreaktionen. Zudem wird das Handeln danach ausgerichtet, als ob die Person oder der Lebensstand nochmals wiederkehren wird.	Im ersten Schritt können Schock, Unglaube sowie Taubheit auftreten. Eine Suche und der Wunsch des Wiederkehrens sind dabei sehr stark. Vor allem in den ersten Wochen können diese Reaktionen vermehrt auftreten und zu einer Isolation des Betroffenen führen.
Vermeidung und Taubheit sind stark ausgebildet. Vor allem in Situationen, in denen der Betroffene an das traumatische Ereignis erinnert wird. Das können Orte, andere Menschen aber auch Gespräche, Freizeitaktivitäten und Gefühle sein.	Sehnsucht, Erinnerungen und Trauerträume sind der nächste Schritt zur Genesung. Das Geschehene wird langsam verarbeitet. Infolgedessen können leichte somatische Reaktionen auftreten, die allerdings nach kurzer Zeit wieder verschwinden.

Trauma	Trauer
Hyperarousal bzw. Schreck-reaktionen, die sich in starker Gereiztheit und Wut, Konzen-trationsproblemen und Hyper-vigilanz sowie Schlafstörungen äußern.	Schlaf- und Konzentrationsstörungen, vermischte Emotionen, ein vermindertes Interesse und eine Taubheit, die während routinierter Aufgaben eintritt, sind ebenfalls normale Trauerreaktionen der Genesung.

Kommen also Trauer und Trauma zusammen, kann eine deutliche Verstärkung einiger der oben genannten Symptome stattfinden. Durch die Interaktion lassen sich beide psychischen Reaktionen auf einen Verlust nur noch schwer trennen. Traumatische Aspekte können bei der Bewältigung folgender Trauerprozesse stark behindern:

- Trauerarbeit
- Identifikationsmöglichkeit und Neuorientierung
- Verarbeitung von Wut und Ärger
- Trauerträume

Zudem koppeln sich traumatisch beeinflusste Menschen stark von ihrem sozialen Umfeld ab, was heilende Beziehungen mit anderen Personen stark negativ beeinträchtigt.

Übertragen wir dieses Verhalten auf alle Trauernden und es wird schnell klar, wie groß die Reichweite eines traumatischen Verlustes ist. Im Gegensatz zu einem „normalen" Tod oder Verlust konnte sich der Trauernde bei einem Traumafall nicht darauf vorbereiten. Demnach dauert der Trauerprozess deutlich länger oder wandelt sich in eine komplizierte Trauer um. Es findet also eine Verstärkung der einzelnen Symptome statt.

Ein Trauma kann zudem als starke Trauerreaktion verstanden werden. Während des Genesungsprozesses wird der Betroffene zunächst das traumatische Erlebnis selbst verarbeiten und anschließend einen weitgehend normalen Trauerprozess durchleben.

Traurigkeit als Folge psychischer Erkrankungen

Nicht nur der Verlust von Personen kann Traurigkeit hervorrufen. Bestimmte Krankheiten können dazu führen, dass sich ein Mensch dauerhaft niedergeschlagen fühlt. Meist sind das Depressionen, bipolare Störungen oder auch Schizophrenie. Der Weg hinein in eine solche Störung ist meist sehr langsam. Folgende Tabelle zeigt dir deutlich den Unterschied dieser psychischen Erkrankungen:

	Depression	Schizophrenie	bipolare Störung
Charakteristika	Antriebslosigkeit, Selbstzweifel, Ängste, Konzentrationsstörungen	Wahnvorstellungen, Störung emotionaler Regelung, Denkstörungen, Halluzinationen	starke Stimmungsschwankungen
Häufigkeit	8,2 %	± 1 %	± 1 %
Behandlung	medikamentös, Psychotherapie	Kognitive Verhaltenstherapie, medikamentös	medikamentös, Therapie
Ursachen	genetische Veranlagung, Stress, emotionale Verletzungen	genetische Veranlagung, stark belastende Situationen, Medikamente/Drogen	genetische Veranlagung, Stress, Störung gewisser Botenstoffe im Gehirn, Medikamente

Besonders die Depression ist weit verbreitet und als schwere seelische Erkrankung anzuerkennen. Meist beginnt sie recht unscheinbar. Betroffene fühlen sich zunächst sehr müde, antriebslos und traurig in Bezug auf ihr derzeitiges Leben. Im weiteren Verlauf kann es aber sogar zu Selbstmordgedanken und starken psychosomatischen Erscheinungsformen kommen. Depressionen sind auch eine sehr häufig auftretende Erkrankung, wenn der Trauerprozess nicht vollständig und erfolgreich abgeschlossen werden kann.

Die bipolare Störung ist für Außenstehende wohl am schwierigsten nachvollziehbar. Sie ist auch als Krankheit mit den zwei Gesichtern bekannt, denn betroffene Personen nehmen sich meist als zwei unterschiedliche Charaktere war. Innerhalb weniger Minuten kann sich die Stimmung von sehr freudig zu extrem traurig wandeln, was eine hohe emotionale Belastung darstellt. Eine bipolare Störung kann in drei unterschiedlichen Formen auftreten: Bipolar-I-Störung, Bipolar-II-Störung und Zyklothymia. Sie lassen sich in Bezug auf ihren Schweregrad unterscheiden (in dieser Auflistung von stark zu schwach).

Die Schizophrenie ist eine im medizinischen Sinne bekannte Psychose. Die betroffenen Personen nehmen ihre Realität verändert wahr, leiden teilweise sogar unter Verfolgungswahn oder Halluzinationen. Bei einer komplizierten Trauerverarbeitung kann es tatsächlich zur Schizophrenie kommen, auch wenn das eher selten der Fall ist. Eine derartige Erkrankung ist dringend behandlungsbedürftig, da der Leidensdruck sowohl für die Betroffenen als auch deren Angehörige sehr hoch ist.

Eine weitere häufig vorkommende psychische Erkrankung, die zu starker Traurigkeit führen kann, ist das Burnout-Syndrom. Rund 5,7 % aller Deutschen erkranken Statistiken zufolge an dieser vorübergehenden psychischen Erschöpfung. Im Gegensatz zu den oben genannten Erkrankungen ist Burnout heutzutage sehr anerkannt in der Gesellschaft und fast schon ein Zeichen für eine Person, die sehr hart und viel arbeitet.

Burnout – die Mainstream-Erschöpfung im 21. Jahrhundert

Der Begriff des Burnouts stammt aus dem Englischen und bedeutet so viel wie „Ausgebranntsein" oder „totale Erschöpfung". Es trifft also vor allem Menschen, die dauerhaft überlastet sind. Das kann sowohl auf beruflicher als auch privater Ebene geschehen. Wen es tatsächlich trifft, hängt stark von der Persönlichkeit einer Person ab. Einige Menschen sind deutlich belastbarer als andere, weshalb das Burnout-Syndrom in jeder Schicht und in jedem Beruf unserer Gesellschaft vorkommen kann. Statistiken zufolge trifft es vor allem Menschen mittleren Alters, wobei auch immer häufiger überforderte Schüler und Studenten betroffen sind, die sich Gedanken um ihre Zukunft machen.

Nach eingehenden Datensammlungen von Ärzten und Krankenkassen lässt sich durchaus ein Muster erkennen, welche Risikofaktoren zu einem Burnout führen können. Dazu zählen sowohl äußere als auch innere Aspekte, die wie folgt zu bewerten sind:

Äußere Risikofaktoren	Innere Risikofaktoren
-Arbeitsüberlastung	-Starke Selbstzweifel, vor allem in Bezug auf den Sinn des eigenen Handelns
-Ungenügende Belohnungen bzw. fehlende Anerkennung	-Unrealistisch hochgesteckte Ziele
-Mangel an Autonomie	-Die Abhängigkeit des Selbstbildes von der Ausübung einer Rolle
-Kontrollverlust	-Schwierigkeiten, die eigenen Gefühle zu kommunizieren
-Bürokratische Hindernisse, die das Erreichen der eigenen Ziele unmöglich machen	-JA-Sager
-Fehlende Unterstützung von Freunden und Familie	-Hohe Erwartungen an sich selbst
-Ungelöste Konflikte	-Ziele, die sich nach den Bedürfnissen anderer Personen richten

Wichtig ist, dass das Burnout frühzeitig erkannt wird. Wie viele andere psychische Krankheiten kündigt es sich vorher an. Im Verlauf nimmt das Burnout dann an Intensität zu, sodass eine Genesung immer aufwendiger wird. Professor Matthias Burisch – ein anerkannter deutscher Psychologe – stellte ein Sieben-Phasen-Modell des Burnouts zusammen. Dabei stellt er ganz klar fest, dass nicht jeder Betroffene wirklich alle Phasen erlebt. Zudem würden die Phasen nicht linear verlaufen, sondern sich in Dauer sowie Intensität und Abfolge unterscheiden. Einige würde ineinander übergehen oder sich überlappen.

Wie kannst du Burnout vorbeugen?

Burnout kann also im Prinzip jeden treffen und hat weitreichende Folgen. Neben der einfachen Traurigkeit und Niedergeschlagenheit können im weiteren Verlauf auch eine starke Depression und sogar körperliche Erscheinungsformen erfolgen. Mit ein paar Tipps kannst du derartigen Erschöpfungssyndromen entgegenwirken und auch vorbeugen:

1. Nimm deine eigenen Bedürfnisse wahr und achte auf sie.

2. Sorge für ausreichend Entspannung und Freizeit.

3. Lerne ein nachhaltiges Stressmanagement kennen.

4. Pflege soziale Kontakte.

5. Sei dir selbst gegenüber aufmerksam und lerne deine Grenzen kennen.

6. Definiere klare Lebensziele und überprüfe den Weg dorthin.

7. Nimm dir selbst den Erfolgsdruck.

8. Lerne, dich selbst zu akzeptieren.

9. Führe eine gesunde Lebensweise.

10. Lerne, „nein" zu sagen.

Solltest du bereits in einem Sog der Erschöpfung, Selbstzweifel und der Traurigkeit sein, ist das Gespräch mit einem Experten dringend angeraten. Bei einem kurzen Gespräch mit deinem Hausarzt können bereits erste Hilfsangebote übermittelt werden. Zudem kannst du dich direkt bei deiner Krankenversicherung melden. Etliche Versicherungsgesellschaften bieten kostenlose Angebote für gestresste und überforderte Menschen an.

Traurigkeit und Trauer können sowohl als Folge der oben beschriebenen psychischen Erkrankungen auftreten, als auch der Auslöser dafür sein. Wie ein Mensch auf eine Stresssituation, auf den Verlust eines geliebten Menschen, auf Krankheit oder bei Druck reagiert, ist vor allem eine Frage der genetischen Veranlagung sowie des Charakters. Helfen kann sicherlich der Aufbau von mehr Selbstbewusstsein, um in komplizierten Situationen nach wie vor an sich zu glauben und den eigenen Entscheidungen trauen zu können.

Traurigkeit als Folge körperlicher Erkrankungen

Trauer kann aber nicht nur aufgrund von seelischen Erkrankungen hervorgerufen werden. Körperliche Beschwerden gehören tatsächlich zu den häufigsten Gründen, weshalb sich eine Person niedergeschlagen, traurig und unzufrieden fühlt. In diesem Zusammenhang wird zwischen zwei Arten unterschieden:

Traurigkeit als Begleiterscheinung	Traurigkeit als Symptom
Ist die Traurigkeit nur eine Begleiterscheinung, bedeutet das, dass sie infolge der Krankheit auftreten kann, aber nicht muss. Das ist meist der Fall, wenn sich das Leben der betroffenen Person massiv ändert und sie sich nach dem früheren Zustand zurücksehnt. Prinzipiell können alle körperlichen Erkrankungen (ob vorübergehend oder dauerhaft) eine Trauerstimmung hervorrufen. Besonders häufig ist sie allerdings bei folgenden Krankheiten anzutreffen: Alzheimer, Parkinson, Schlaganfall, Diabetes, Herz-Kreislauf-Erkrankung, Multiple Sklerose, Cushing-Syndrom, Schilddrüsenfehlfunktionen. In einem solchen Fall ist davon auszugehen, dass der Betroffene seinen Verlust des früheren Lebens aktiv und sehr deutlich mitbekommt. Das neue Leben ist massiv eingeschränkt.	In einigen Fällen gehört Traurigkeit auch zu einem festen Symptom, das bei einer Erkrankung zu erwarten ist. Dies hängt dann meist mit einer verminderten Bildung der Botenstoffe oder mit einem veränderten Hormonspiegel zusammen. Typische Erkrankungen hierfür sind Schilddrüsenunterfunktion, Demenz, Wochenbettdepression, Wech-seljahre-Probleme. Bei solchen Erkrankungen ist es wichtig, dass mit dem behandelnden Arzt Kontakt aufgenommen wird, um dieses Symptom medikamentös behandeln zu können. Zudem ist bei Frauen der natürliche Zyklus für immer wiederkehrende traurige Verstimmungen verantwortlich. Ebenso wie eine Schwangerschaft.

Sollte die Traurigkeit als Syndrom auftreten, kann sie im Regelfall sehr gut mit Medikamenten behandelt werden. Diese bringen den Hormonhaushalt wieder ins Gleichgewicht, was Stimmungsschwankungen verringert. Bei der Traurigkeit als Begleiterscheinung muss der Betroffene im Regelfall an seiner Einstellung arbeiten. Die neue Lebenssituation zu akzeptieren und sich in einem neuen Alltag zurechtzufinden, kann ein langwieriger Prozess sein. Vor allem, wenn dieser plötzlich auftritt oder von einer Genesungsphase begleitet wird (beispielsweise nach einem Unfall in der Reha-Klinik oder einem Schlaganfall, bei dem Lähmungen auftraten). In vielen Fällen wird dann ein kompletter Trauerprozess durchlebt – siehe Kapitel „Trauer in der Psychologie – Zahlen, Fakten und Theorien".

Was kannst du gegen Traurigkeit als Begleiterscheinung unternehmen?

Um die neue Situation annehmen zu können, ist es zunächst wichtig, dass du deine Gefühle zulässt und sie klar kommunizieren kannst. Suche dir am besten eine Vertrauensperson, die viel Empathie sowie ein offenes Ohr für dich hat. Reden ist immer der beste Weg, um psychisch gesund zu bleiben. Des Weiteren können folgende Tipps helfen:

Hör auf zu grübeln – schau nach vorne

Die Gedanken spielen verrückt, und unsere innere Stimme ist das, was uns am meisten zu schaffen macht. Fragen wie „Wieso gerade ich?" oder „Wäre ich nicht zu XY gefahren, hätte ich keinen Unfall gehabt" sind vollkommen nachvollziehbar, dennoch aber kontraproduktiv. Sowohl für die seelische als auch körperliche Heilung ist das ständige Grübeln ein echtes Problem. Versuche deshalb, dich nicht auf die Vergangenheit zu konzentrieren und dich nicht mit Fragen zu beschäftigen, die sowieso niemals beantwortet werden können.

Erfreue dich an kleinen Dingen

Ob der farbenfrohe Regenbogen am Horizont, eine kleine Blume deiner Liebsten oder der Anruf deiner Kinder – kleine Gesten sind tausendmal mehr wert als große Geschenke. Ja, dein Leben hat sich um 180° gedreht, doch du hast Freunde und Familie, die dich lieben und zu dir stehen. Suche dir einmal pro Tag eine Sache, die dir zeigt, wie schön doch das Leben nach wie vor sein kann.

Sei einmal am Tag dankbar für dein Leben

Begleitend zu der Aufgabe, dich an kleinen Dingen zu erfreuen, solltest du dich auch darin üben, einmal pro Tag dankbar zu sein. Vor allem zu Beginn der Lebensveränderung mag dir das noch sehr schwerfallen, dennoch heißt es „probieren, probieren, probieren!". In jedem Leben gibt es immer Sachen, für die derjenige dankbar sein kann. Hast du vielleicht einen schweren Verkehrsunfall überstanden, kannst du dankbar dafür sein, noch am Leben zu sein und deine Kinder weiterhin lächeln sehen zu dürfen.

Pflege soziale Kontakte

Diabetes, Funktionsstörungen der Schilddrüse, Multiple Sklerose oder auch viele andere Krankheiten sind keinerlei Grund, um dich sozial zu isolieren. Ganz im Gegenteil: Besonders in deiner derzeitigen Situation ist es wichtig, Personen um dich zu haben, die dich verstehen und dir eine Stütze sind. In schwierigen Lebenslagen merkst du schnell, wer wirklich ein wahrer Freund ist. Halte auf jeden Fall den Kontakt. Auch wenn du am Anfang die Situation erst für dich klären musst, kannst du über Social Media und Messenger Services deine Kontakte pflegen. Nach einiger Zeit wirst du auch wieder in der Lage sein, deine Freizeit genießen zu können.

Halte dich körperlich – soweit es geht – fit

Natürlich wirst du vorübergehend oder dauerhaft in deinen physischen Möglichkeiten einschränkt sein, dennoch solltest du neue Möglichkeiten in Betracht ziehen, dich körperlich fit zu halten. Das kann der regelmäßige Spaziergang mit den Hunden genauso sein, wie der Besuch im Schwimmbad oder der Gang zum Fitnessstudio. Wichtig ist, dass du mit dem behandelnden Arzt oder deinem Orthopäden, Physiotherapeuten, Krankengymnasten die sportlichen Betätigungen bespricht. Es gibt so viele Freizeitmöglichkeiten, sodass sich auch für deine neue körperliche Verfassung etwas finden lässt, das dir wirklich Freude bereitet.

Traurigkeit als Folge von sozialen Konflikten

Traurigkeit kann nicht nur in Verbindung mit Tod, Krankheit oder Bedrohung entstehen. Sie ist häufig als Folge von sozialen Konflikten bzw. Streit anzutreffen. Vor allem wenn man selbst verbal angegriffen wird, ist Traurigkeit sehr häufig der Fall. Die Definition des sozialen Konflikts umschreibt diesen als eine Beziehung zwischen mehreren Personen, bei der eine Unvereinbarkeit wahrgenommen wird. Dies ist im Grunde erstmal nichts Schlimmes. Allerdings kommt es darauf an, wie ein Streit bzw. Konflikt ausgetragen wird: So kann er zum einen als konstruktive Auseinandersetzung zweier Meinungen gestaltet werden oder als ein wahrer Kampf, bei dem sich beide Parteien als „Sieger" sehen wollen.

„Jeder bessere Streit, der auf sich hält, bleibt solange im Unklaren darüber, wer ihn vom Zaume gebrochen hat, bis der Sieger konstatiert, daß es der Unterlegene gewesen ist. "

– Hans Kasper

Der Sieger des Streits geht meist mit dem Gefühl hervor, moralisch oder tatsächlich im Recht zu sein. Die Schuld über das Zustandekommen wird dann häufig dem Verlierer zugeschoben, der bei einem öffentlichen Streit einen kompletten Imageverlust erleiden kann. Als Verlierer aus einem Streit hervorzugehen, ist für die meisten

Menschen ein herber Rückschlag, der von Wut, Trauer und Reue gekennzeichnet ist. Wie er sich tatsächlich fühlt und welche Ausmaße diese Emotionen haben können, hängt zum einen vom Verhalten des Gewinners und zum anderen vom Charakter des Verlierers ab.

Einen sinnvollen und konstruktiven Konflikt zu führen, ist für viele Erwachsene und Kinder nicht einfach. Deshalb wird schon in der frühen Pädagogik darauf geachtet, dass Heranwachsende ihrem Alter gerechte, zielführende Strategien entwickeln, um die Meinung anderer Menschen anzuerkennen und sich mit diesen sinnvoll auseinanderzusetzen. Aus diesem Grund werden in vielen Kindergärten/ Schulen richtige Arbeitsgruppen gebildet, in denen folgende Aspekte genauer besprochen werden:

- Das Sprach- sowie Sprechvermögen der Kinder bzw. Jugendlichen muss gestärkt werden.

- Eine körperliche Auseinandersetzung muss klar als No-Go deklariert werden.

- Beleidigungen oder Mobbing werden von Seiten des Opfers betrachtet.

- Die Stärkung des Gemeinschaftsgefühls steht im Vordergrund.

- Fertigkeiten zur Analyse der Situation (warum kam es zum Streit?) werden erlernt.

- Kompromisse sowie andere Konfliktlösungen werden gemeinsam erarbeitet.

Erfahren wir schon früh sehr viele negative Auseinandersetzungen, kann es zu einem lebenslangen „Trauma" kommen. Kinder, die aus Familien stammen, in denen die Eltern keinen vernünftigen Weg finden, sich mit den Ansichten und Meinungen des Gegenübers auseinanderzusetzen, haben meist selbst im späteren Leben große Probleme damit.

Häufig auftretende Konflikte können also sowohl Auswirkungen auf dich selbst als auch auf deine Kinder haben. Wichtig ist deshalb, dass du geschickt und mit viel Verstand an die Situation herangehst. Experten unterscheiden innerhalb einer Auseinandersetzung den Konfliktträger und den Konfliktauslöser.

Der Konfliktauslöser ist der Anlass des Konflikts. Durch bestimmte Verhaltensweisen, Einstellungen oder verbale Anfeindungen kommt es zu einem hohen Leidensdruck beim Gegenüber. Dieses Verhalten kann sich über Jahre erstrecken, was zu einer dauerhaften Traurigkeit beim Gegenüber führt. Aber auch der Konfliktauslöser selbst kann sich als Opfer des

Geschehens sehen, zum Beispiel wenn der Partner immer wieder bestimmte Verhaltensweisen ausführt, über die sich der Konfliktauslöser ärgert. Er kann genauso unter der Situation leiden, was eine spätere Klärung umso komplizierter und verwirrter macht.

Der Konfliktträger ist die Person, die sich als Opfer im Streit sieht. Sie leidet sehr unter den Folgen der Auseinandersetzung und weiß oft nicht so recht, aus welchem Grund die entsprechende Situation in ein derartiges Ausmaß eskaliert ist. In vielen Fällen werden negative Gefühle meist unterdrückt oder beiseitegeschoben. Erst zu einem späteren Zeitpunkt kommt es dann zu einem schwellartigen Ergießen der aufgestauten Gefühle. Gewalt ist dann sehr häufig anzutreffen.

Wer also mehr unter einem Streit leidet, ist nicht immer klar zu unterscheiden. Fakt ist aber, dass ständige Konflikte sowohl auf die seelische als auch physische Gesundheit Einfluss nehmen. So stellten Wissenschaftler fest, dass das Risiko, an Bluthochdruck zu erkranken, um 38 Prozent ansteigt, wenn innerhalb der Partnerschaft/Familie unschöne und nichtkonstruktive Streitgespräche zum Dauergast werden.

Streittrauer gezielt auflösen

Die Trauerbewältigung nach einem Streit ist deutlich einfacher als bei einem Todesfall oder einer Krankheit. Zunächst ist es wichtig, dass du deine Wut und deinen Ärger loswirst. Hierfür sind verschiedene Strategien möglich. Einigen Menschen hilft es, viel Sport zu treiben, andere Personen wiederum möchten sich eine Zeit ablenken oder eine Runde meditieren. Egal, was du unternimmst, du solltest quälende Gedanken wie zum Beispiel „Wieso geht er/sie so mit mir um? Was habe ich verbrochen, um so behandelt zu werden? Das ist unfair!" vergessen. Zudem solltest du, abhängig davon ob du Konfliktträger oder -auslöser bist, folgende Maßnahmen ergreifen:

Konfliktauslöser	Konfliktträger
-Überlege dir, was der Konfliktträger nun wohl empfindet. Versetze dich hierfür in seine Position. -Was wünschst du dir vom Konfliktträger? -War deine Reaktion wirklich gerechtfertigt? Versuche, aus einer neutralen, objektiven Sicht auf die Situation zu blicken. -Wie hätte es besser laufen können? -Was kannst du zukünftig tun, um einen erneuten Streit zu vermeiden?	-Nimm dein Gefühl wahr und formuliere dieses auch ganz klar: verärgert, traurig, verletzt, enttäuscht etc. -Wie hättest du dir die Reaktion des Konfliktauslösers gewünscht? -Was erwartest du nun vom Konfliktauslöser? Was soll er nicht mehr tun? -Hast du eventuell etwas getan, was den Konfliktauslöser in Rage gebracht hat? Betrachte das aus objektiver Sicht.

Nachdem sich beide Parteien einen Moment Zeit genommen haben, um über das Geschehene nachzudenken, muss eine Aussprache stattfinden. Bei sehr verhärteten Fronten, bei Mobbing oder Ähnlichem sollte das in einem geschützten Umfeld mit einem Streitschlichter stattfinden. Bei der Aussprache ist es wichtig, dass beide Parteien zu Wort kommen. Eine Anschuldigung ist ein absolutes No-Go. Erwartungen, Wünsche oder auch die Reflexion des Streits sollte immer in der „ich"-Formulierung stattfinden.

Versuche also, dich mit deinem Gegenüber auszusprechen und mit dir selbst ins Reine zu kommen. Eine Entschuldigung bei der anderen Streitpartei kann durchaus hilfreich sein.

Traurigkeit als Folge von Status- und Jobverlust

Als letzte Ursache für Traurigkeit soll in diesem Buch zum Trauerbewältigen der Verlust des Jobs oder des gesellschaftlichen Ansehens genannt werden. Beides kann zu einer sozialen Isolation führen und beeinträchtigt das Leben des Betroffenen stark. Soziale Isolation ist nicht nur aus psychologischer Sicht zu vermeiden, sondern birgt auch etliche gesundheitliche Risiken. So können zum Beispiel Herz-Kreislauf-Probleme, Depressionen und vieles mehr auftreten.

In der Wirtschaftssoziologie:

der Verlust sozialer Wertschätzung, entweder durch Verlust an Wertschätzung ein und derselben Position im Zeitverlauf oder durch den Verlust einer hochgeschätzten Position.

Quelle:
http://www.wirtschaftslexikon.co/d/statusverlust/statusverlust.htm

Der Grad der Traurigkeit bei einem Job- bzw. Statusverlust hängt stark von der Bindung ab, die die entsprechende Person zu ihrem Umfeld bzw. zum Unternehmen hatte. Zudem spielen Kriterien wie finanzielle Verbindlichkeiten, die in regelmäßigen Abständen getilgt werden müssen, eine Rolle. Im Regelfall kann aber gesagt werden, dass die Trauer sehr gut mit geeigneten Maßnahmen beeinflusst und überwunden werden kann. Meist verschwindet sie in Verbindung mit der Neufindung innerhalb der Gesellschaft.

Statistiken zeigen, dass die Angst über einen Jobverlust nicht wirklich selten ist. In der deutschen Gesellschaft sind rund 70% aller arbeitenden Menschen besorgt, ihren Arbeitsplatz zu verlieren und damit auch den Status, den sie sich durch das Gehalt geschafft haben. Besonders die Mittelschicht leidet laut neuesten Erhebungen darunter. Kein Wunder, dass viele betroffene Menschen in eine tiefe Traurigkeit stürzen, wenn der Fall der Fälle tatsächlich eintrifft. Sogar Depressionen, Alkohol- und Drogenmissbrauch können die Folge sein. Um deine Trauer über den Job- und Statusverlust zu überwinden, sind lediglich einige wenige Tipps notwendig:

Akzeptiere die neue Situation und grüble nicht zu viel nach

Es ist nicht einfach, eine ganz neue Situation zu akzeptieren – vor allem, wenn diese im ersten Moment wie eine „Verschlimmerung" des eigenen Lebensstandards gesehen wird. Solltest du deinen Job verlieren, ist es dein gutes Recht, in den ersten Tagen verzweifelt, traurig, wütend, frustriert oder ängstlich zu sein. Doch es muss weitergehen. Zu viel darüber nachzudenken, ist also eher kontraproduktiv – vorausgesetzt die Kündigung war nicht dein Fehler, sondern ist beispielsweise auf die wirtschaftliche Situation des Unternehmens zurückzuführen.

Nimm dir ausreichend Zeit, um deinen neuen Platz zu finden

Ein Neuanfang kostet viel Kraft und Zeit. Nimm dir diese Zeit, um deinen neuen Platz finden zu können. Überhastete Entscheidungen, Bewerbungen oder ein kompletter Ausstieg könnten im Nachhinein bereut werden. Besser ist es deshalb, dir ein paar Tage oder Wochen Zeit zu nehmen, um genau darüber nachzudenken, was du mit deinem neuen Leben machen möchtest. Willst du dich vielleicht weiterbilden? Eine Weltreise unternehmen? Einen komplett neuen Job annehmen? Wieder in eine ähnliche Position einsteigen?

Solche Fragen sollten bei mehreren Gesprächen mit dem Partner oder mit Freunden geklärt werden. Hör dir ruhig auch die Vorschläge anderer Personen an, um einen möglichst facettenreichen Eindruck bezüglich deiner Möglichkeiten zu erhalten.

Halte Kontakt mit Freunden, Bekannten und der Familie

In einer Trauersituation kommt es leider sehr schnell zu einer sozialen Isolation. Vor allem beim Verlust des Arbeitsplatzes ist ein Wohnungswechsel oft angesagt, was die Betroffenen aus der gewohnten Umgebung und dem direkten Freundeskreis herausreißt. Wichtig ist, dass du dennoch versuchst, so viele soziale Kontakte zu pflegen wie möglich. In der heutigen Welt mit Social Media Kanälen sowie Messenger-Diensten ist das doch wirklich sehr einfach. Mit öffentlichen Verkehrsmitteln oder dem eigenen Auto bist du zudem im Handumdrehen bei deinen Freunden angelangt.

Ein soziales Umfeld zu haben, ist in schwierigen Lebenslagen besonders wichtig. Sie können dir Kraft, Halt, Hoffnung und auch Kritik geben, die dich weiterbringt und dir beim Einstieg in dein neues Leben hilft. Zudem lenken sie dich ab, was wiederum die Lebensfreude und Lebensqualität aufrechterhält.

Vergiss Menschen, die dich nicht unterstützen

Im Umkehrschluss bedeutet Punkt 3 aber auch, dass du dich von Menschen fernhältst, die dir nicht guttun. Das Phänomen der Herabwürdigung und Lästerei ist vor allem in der oberen Gesellschaftsschicht weit verbreitet. Kommt es dort zu einem Wegfallen der Einnahmen und damit des Vermögens, wird man eher heruntergezogen anstatt aufgebaut. Solche Verhaltensweisen sind ein No-Go und ein absolutes Gift für einen Neustart. Behalte immer im Hinterkopf: „Echte Freunde mögen dich auch ohne deinen gesellschaftlichen Status und ohne dein Geld!"

Sei für deine Kinder und deinem Partner da – Lass dir helfen

Was würden deine Kinder wohl ohne den Papa/die Mama machen? Es würde ihnen wahrscheinlich sehr schlechtgehen. Sie kennen dich als diese beschäftigte, aktive, lebensfrohe Person und können nur schwer nachvollziehen, was nun geschehen ist. Fragst du deine Kinder mal nach deren Meinung, wirst du Antworten erhalten wie „Aber dann gehst du halt zu einer anderen Firma" oder „Mir ist das egal. Ich habe dich trotzdem lieb". Manchmal sollten wir Erwachsenen doch anfangen, die Welt aus den Augen der ganz Kleinen zu sehen, um auch in schwierigen Lebenslagen den Mut nicht zu verlieren. SIE BRAUCHEN DICH!

Regle bürokratische Angelegenheiten so schnell wie möglich

Trauer macht träge, antriebslos, lustlos. Das ist vollkommen normal und nachvollziehbar. Für deinen Heilungsprozess und den Neustart ist das sogar von Vorteil, denn es gibt dir die Ruhe, die du brauchst, um dich sammeln zu können. Doch nach spätestens zwei Wochen solltest du dich wieder hochziehen und für die finanzielle sowie rechtliche Absicherung deiner Familie und von dir selbst sorgen. Gerade die Bundesrepublik Deutschland bietet etliche Hilfsangebote für Menschen, die in einem finanziellen Engpass sind. Informiere dich deshalb bei den örtlichen Behörden über deine Ansprüche, solange du auf neuer Jobsuche bist.

Tu dir selbst etwas Gutes

Den Lebenswillen erhalten ist oft leichter gesagt als getan. Dennoch solltest du dich nicht hängenlassen. Ein Jobverlust bringt dich nicht um, sondern hebt deine Stärken hervor. Bemühe dich deshalb darum, auf dich zu achten. Ob das nun ein Spaziergang durch den Park ist, der Besuch im Wellnesssalon oder ein romantischer Abend mit deinem/deiner Liebsten: was dich aufbaut, ist erlaubt!

Die Trauerbewältigung

James William Worden geht im Gegensatz zu Kübler-Ross, Bowlby, Spiegel und Co. nicht von einem starren Trauerprozess aus, sondern von Aufgaben, die durch einzelne Meilensteine der Trauer bewältigt werden müssen. James William Worden betrachtet also den Trauerprozess nicht als eine passive Phase, die vom Unterbewusstsein vollzogen wird, sondern als ein aktives Schema, das der Trauernde teilweise bewusst beeinflussen kann. Seine Ansichten diesbezüglich können dir persönlich helfen, dich mit dem Thema der Trauerbewältigung für Erwachsene beziehungsweise der Trauerarbeit mit Kindern vertraut zu machen und entsprechende Maßnahmen bei dir selbst oder deinen Bekannten, Verwandten und Freunden anzuwenden.

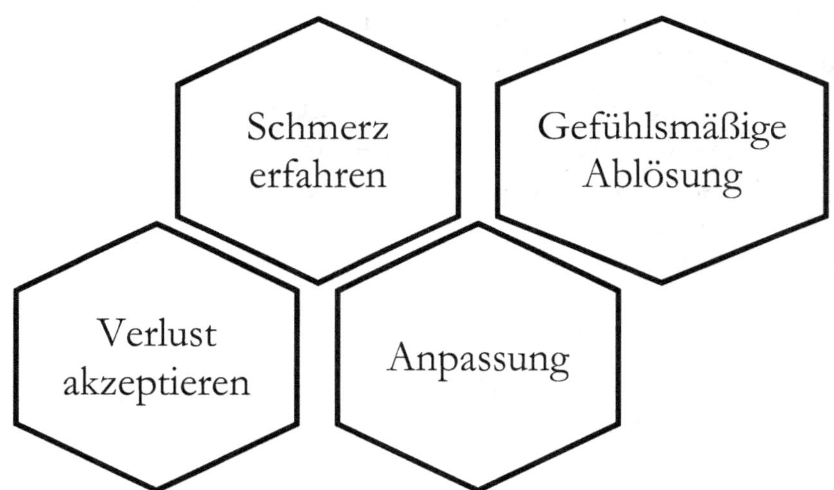

AUFGABE EINS – Den Verlust als Realität akzeptieren

Diese Aufgabe wird direkt nach dem Versterben einer geliebten Person erfüllt. Sie dauert ein wenig und hängt vor allem von der Bindung ab, die der Hinterbliebene mit dem Verstorbenen hatte. Laut Worden kommt es dabei zunächst zu einer Verleugnung des Verlustes. Bis dieser wirklich akzeptiert und wahrgenommen wird, kann es einige

Tage oder Wochen dauern. Dieser Schritt ist aus psychologischer Sicht sehr wichtig, denn er stellt die Grundlage der nachfolgenden Verarbeitung und des Zurechtfinden in der „neuen Welt" dar. Viele Menschen scheitern bereits an diesem ersten Schritt. Sie leugnen über eine lange Zeit hinweg den Tod, suchen weiterhin nach dem Verstorbenen oder leben sogar in einer Art „Phantasie" noch immer mit ihm/ihr weiter. Die Leugnung ist ebenfalls sehr verbreitet bei Menschen, die einen bestimmten Status innerhalb der Gesellschaft verloren haben oder einen finanziellen Bankrott erlitten. An alte Verhaltensweisen (ausgiebige Einkäufe, Buchung von Reisen etc.) wird festgehalten. In einem solchen Fall versucht die Psyche, den Schmerz, der im zweiten Schritt folgt, zu vermeiden.

Diese erste Aufgabe ähnelt stark dem Modell von Kübler-Ross, die ebenfalls die erste Phase als eine Art Leugnung beschreibt, die überwunden werden muss. Im Gegensatz dazu beschreibt die Psychologin die Anerkennung des Verlustes allerdings als einen automatischen Prozess, der nach wenigen Stunden oder Tagen von selbst eintritt.

Nach dem Aufgaben-Modell von Worden kannst du aktiv dazu beitragen, den Verlust zu akzeptieren. Dein innerer Widerstand muss sich auflösen, indem du dir immer selbst vor Augen hältst, was genau passiert ist. Ein innerer Monolog oder auch das Gespräch mit anderen Personen kann dabei helfen. Solltest du einen Bekannten/Freund/Familienangehörigen haben, der sich der Realität zu entziehen versucht, solltest du dringend ein Vier-Augen-Gespräch suchen. In vielen Fällen hilft meist nur eine direkte Konfrontation mit den Tatsachen, die allerdings sehr heftige psychische sowie körperliche Reaktionen auslösen kann. Die Rücksprache mit einem Experten ist deshalb ein absolutes Muss.

AUFGABE ZWEI – Den Schmerz der Trauer erfahren

Eine weitere Aufgabe der Trauer beziehungsweise des Trauernden besteht darin, den Schmerz zuzulassen. Das ist nicht immer leicht und vor allem in den ersten Wochen und Monaten sehr schmerzhaft. Es wird bewusst, was verloren ist und wie sich das Leben ändern wird. Bei verstorbenen Menschen und Tieren merken die Hinterbliebenen sehr stark, in welchen Bereichen der geliebte Mensch/das geliebte Tier nun fehlt. Bei einem Verlust von Dingen wird einem die Realität schmerzlich klar, dass das zukünftige Leben nun vollkommen anders aussehen wird.

Egal, was oder wer verlorengeht, Gewohnheiten müssen nun radikal geändert werden. Dinge, die früher ganz normal waren, sind jetzt kaum noch zu händeln. Besonders in dieser Phase, in der du den Verlustschmerz zulässt, wirst du mit starken Emotionen konfrontiert. Neben der Traurigkeit sind auch Wutausbrüche, Zorn und Angst oft anzutreffen. Dennoch ist es wichtig, dass du deinen Gefühlen freien Lauf lässt. Bei einer Unterdrückung oder der Leugnung der eigenen Gefühlslage kann es zu einem „Stau" im Inneren kommen. Der kleinste Auslöser sorgt dann für einen schwallartigen Erguss aller Emotionen.

Leider ist in der heutigen Gesellschaft ein ausgiebiges Ausleben der eigenen Gefühle sehr verpönt. Außenstehende empfinden das Ausleben der Trauer oft als störend, da sie selbst nicht damit umgehen können. Dennoch solltest du dich ausschließlich auf dich konzentrieren und dich nur mit Menschen umgeben, die dir guttun und dich in dieser Situation unterstützen. Vergiss dabei nie, dass du ein Recht darauf hast, deine Trauerphasen zu durchleben und die Chance auf ein erfülltes Leben zu erhalten.

Bist du Angehöriger oder Freund eines trauernden Menschen, sollte dir bewusst sein, dass dein Gegenüber mehr denn je die Unterstützung benötigt. Nicht nur bei der Bewältigung des Alltags, sondern vor allem als moralische Stützte bist du jetzt gefragt.

AUFGABE DREI – Die Anpassung an die „neue" Welt

Als nächstes ist die Anpassung in der „neuen Welt" notwendig. Sie geht einher mit der Realisierung, dass nun alles anders werden soll. Überforderung, Hilflosigkeit und Orientierungslosigkeit können dabei entstehen. Meist wird erst zu diesem Zeitpunkt deutlich, welche Rolle der Verstorbene in deiner persönlichen Welt eingenommen hat. Das Wegfallen wirft dich nun vor eine ganz neue Herausforderung, wobei du jede Hilfe und Unterstützung gebrauchen kannst, um dich wieder zurechtzufinden.

Bei einem Verlust des sozialen Status oder der finanziellen Möglichkeiten ist diese Aufgabe besonders schwer zu bewältigen. Das komplette Leben muss umgekrempelt werden. Oftmals steht sogar ein Umzug und das Suchen nach neuen Hobbys, einem Job, Kinderbetreuungsplätzen oder auch Freunden an. Viele Menschen gehen zu dieser Zeit das erste Mal zu sozialen Einrichtungen sowie zum Arbeitsamt, um staatliche Unterstützung zu erhalten. Die Anpassung an das neue Leben dauert deshalb meist länger, als es beim Tod eines Menschen oder Tieres der Fall ist.

Im Nachhinein wird das Durchleben dieser Phase und das erfolgreiche Erfüllen dieser Aufgabe mit viel Stolz gesehen. Das Gefühl, den Absprung geschafft zu haben, gibt neues Selbstbewusstsein und Zuversicht für die Zukunft. Oft findet ein kompletter Lebenswandel – auch in Bezug auf Werte und Normen – statt. Rückfälle in die Traurigkeit werden durch die Neuorientierung immer seltener, dennoch ist der Verlust nach wie vor präsent.

Als Angehöriger eines trauernden Menschen solltest du dich während dieser Phase der Neufindung an den Wünschen des Trauernden orientieren. Die meisten Personen benötigen zwar in der Anfangsphase noch recht viel Unterstützung, was dann aber im Verlauf immer weiter abflacht. Hilfe sollte keinesfalls aufgedrängt werden, denn der Trauernde muss seine neue Position im Leben selbst finden. Hab einfach etwas Geduld und warte darauf, wann du gebraucht wirst.

AUFGABE VIER – Die Ablösung vom Verlust

Als letzte Aufgabe ist die emotionale Ablösung vom Verstorbenen bzw. vom alten Leben zu nennen. Das bedeutet in keinster Weise, dass du ihn vergessen wirst. Vielmehr ist es ein Zeichen dafür, dass du bereit bist, dein Leben selbstbestimmt zu führen. Neue Beziehungen aufzubauen und glücklich zu werden, wird dich nicht von der geliebten, verstorbenen Person entfernen. Du wirst es schaffen, ein neues Leben zu beginnen und dich dennoch an wunderschöne Momente zurückerinnern zu können.

Das Interessante an der Betrachtung von James William Worden ist, dass die Trauerbewältigung nicht als starres Modell gesehen, sondern in einzelne Bereiche eingeteilt wird. Sie beschreiben also eher die Funktion, die ein Trauerprozess hat. Für dich als trauernde Person ist es, denke ich, ein tröstlicher Gedanke, den Grund der Trauer nachvollziehen zu können. Trauer ist demnach nichts „Schlechtes" oder „Unsinniges", sondern hilft dir, zurück ins Leben zu finden. Durch das Wissen um das Ziel der Trauer, die selbstverständlich in unserem Inneren ausgelöst wird, fällt es dir sicherlich leichter, deine Gefühle und deinen allgemeinen psychischen Zustand zu akzeptieren. Es ist ein ganz natürlicher Prozess, der darauf ausgelegt ist, zu deiner Genesung beizutragen, und den du ganz bewusst beeinflussen kannst. Entgegen vieler Mythen bist du der Trauer also nicht hilflos ausgesetzt – sie ist derzeit dein bester Freund.

Im weiteren Verlauf dieses Kapitels wirst du noch gezielte Methoden, Tipps und Übungen kennenlernen, die dir beim Durchleben sowie Akzeptieren deiner Trauer behilflich sein können.

Trauerbewältigung bei Kindern

Jeder, der schon einmal einen Trauerfall in der Familie oder dem engen Freundschaftskreis erlebt hat, musste seine Kinder mit dem Thema Tod konfrontieren. Dabei fällt auf, dass nur wenige Kinder direkt in Tränen ausbrechen. Aus psychologischer und entwicklungspsychologischer Sicht ist das nicht verwunderlich: Was der Tod wirklich bedeutet, nehmen Kinder erst ab einem Alter von neun bis zehn Jahren wahr. Vorher wird das Versterben eines Menschen oder eines Tieres eher neutral aufgenommen. Kinder gehen schlicht und ergreifend davon aus, dass der verstorbene Mensch bzw. das verstorbene Tier wieder zurückkommen wird. Dieses veränderte Verständnis des Todes lässt sich auch im Trauerprozess deutlich erkennen, der bei Kindern im Regelfall in vier Phasen abläuft. Dieser Prozess bezieht sich auf Heranwachsende, die bereits in der Lage sind, den Tod und dessen Reichweite zu begreifen.

Phase EINS – Ablehnung

In der ersten Phase kann der Verlust zunächst nicht realisiert werden. Sie befinden sich in einer Art Schockphase und betrachten das Ganze eher neutral. Viele Kinder – vor allem die jüngeren – zeigen sich auch sehr interessiert an dem Thema und stellen den Erwachsenen Fragen.

Phase ZWEI – Aufbruch

In der zweiten Phase kommen dann negative Gefühle zum Vorschein. Hierzu können neben Wut, auch Angst, Schuld und Verzweiflung zählen. Während kleine Kinder eher befürchten, sie könnten selbst sterben oder die Welt würde „auseinanderbrechen", reagieren Jugendliche doch eher wie Erwachsene – mit Traurigkeit, Wut und Schuldgefühlen.

Phase DREI – Auseinandersetzung

In der dritten Phase setzen sie sich nochmals mit dem Thema auseinander. Hier sind die Eltern sehr gefragt, denn sie müssen ihren Sprösslingen bewusstmachen, dass der Verstorbene in ihren

Erinnerungen immer weiterlebt und sie sich nicht fürchten brauchen, ihn zu vergessen. Bei Jugendlichen kann es vermehrt zu Unruhe, Einsamkeit und auch einem Suchen (wie es bereits James William Worden beschreibt) kommen.

Phase VIER – Annahme

Als letzte Phase wird der Verlust dann akzeptiert. Der Tod gerät immer mehr in Vergessenheit, und ein normaler Alltag ist wieder möglich. Ein positives Lebensgefühl der Kinder hilft auch den Eltern dabei, den Verlust besser verarbeiten und nach vorne sehen zu können.

Im Allgemeinen lässt sich beobachten, dass die Länge des Trauerprozesses bei Kindern maßgeblich mit deren Alter zusammenhängt. Kleine Kinder benötigen oft nur wenige Tage oder Wochen, um die Trauer bewältigen zu können. Mit steigendem Alter wird auch der Prozess immer länger. Besonders bei Jugendlichen ist eine professionelle Trauerbegleitung sinnvoll, denn durch die ohnehin schon schwierige Lebensphase der Pubertät kann das Sterben einer Bezugsperson zu einem massiven Problem werden. Gertrud Ennulat, eine angesehene Pädagogin und Autorin, sagte dazu einst:

"Bei Kindern und Jugendlichen verlaufen Trauerprozesse nicht so kontinuierlich wie bei Erwachsenen. Sie trauern gleichsam auf Raten. Ganz plötzlich bricht die Trauer aus ihnen heraus, wirft sie weinend zu Boden, und genauso plötzlich können sie wieder aufspringen und sich lachend entfernen. Dieses Verhalten schützt Kinder und Jugendliche vor Überbeanspruchung."

Solltest du also beobachten, dass sich dein Sprössling – aus deiner Sicht – etwas seltsam verhält, kannst du beruhigt sein, denn er/sie macht den normalen Trauerprozess mit all seinen Höhen und Tiefen durch.

Mit Kindern und Jugendlichen über den Tod sprechen

Kinder wollen im Regelfall verstehen, was der Tod eines geliebten Menschen oder Tieres bedeutet. Für die Eltern sollte deshalb das oberste Prinzip sein, mit ihren Sprösslingen in Ruhe und vor allen Dingen kindgerecht auf ehrliche Art und Weise zu reden. So schwer es auch klingen mag, aber du solltest Formulierungen, die für Erwachsene durchaus einen beruhigenden Einfluss haben, vermeiden. Aussagen wie „Der Opa schläft für immer" oder „Die Oma ist friedlich eingeschlafen!" können vor allem bei kleinen Kindern große Angst erzeugen. Sehr häufig verbinden Kinder dann das Schlafritual mit dem Tod, was zu einem generellen Verweigern des Einschlafens am Abend führen kann. Des Weiteren gelten folgende Grundsätze beim Gespräch über das Versterben einer nahestehenden Person:

- Beantworte alle Fragen, die dein Kind stellt. Je jünger ein Mensch ist, desto abstrakter ist das Thema Tod für ihn. Vor allem in der berüchtigten „Warum"-Phase im Kindergartenalter solltest du dir viel Zeit nehmen, um deinem Sprössling die Chance zu geben, das Geschehene zu verstehen. Solltest du eine Frage nicht beantworten können, kannst du das durchaus zugeben. Kinder haben meist sehr viel Verständnis dafür.

- Versuche deinem Kind begreiflich zu machen, dass der Tod endgültig ist, der Verstorbene aber weiterhin im Herzen und in den Gedanken bestehen bleibt. In religiös angehauchten Familien kann auch die Beziehung zu Gott einbezogen werden. „Oma/Opa ist jetzt bei Jesus im Himmel" ist für die meisten Kinder oft besser zu verstehen als „Oma/Opa ist tot und wird nie mehr zurückkommen". Möchtest du keinen Glauben einfließen lassen, kann die Formulierung „Oma/Opa ist jetzt da oben auf den Wolken und passt als Engel auf dich auf!" gebraucht werden.

- Spreche ruhig über deine eigenen Gefühle und frage auch dein Kind, wie es sich fühlt. Dies ist schon bei der Gesprächsführung mit den ganz Kleinen sinnvoll. Tröste dein Kind und sei für es da – auch wenn es für dich oft sehr schwer ist.

- Gleichzeitig solltest du deinen Sprössling aber nicht zum Reden zwingen. Gib ihm/ihr Zeit, das Geschehene in Ruhe zu realisieren und warte darauf, dass er/sie auf dich zukommt. Vor allem bei Jugendlichen kann das einige Zeit dauern. Mach deinem Kind verständlich, dass du jederzeit, egal wann, für ein Gespräch bereit bist. Viele Kinder/ Jungendliche möchten zu ungewöhnlichen Zeiten (z.B. nachts) über solche Themen sprechen, um besser zur Ruhe zu finden. Weise sie dann keinesfalls ab, sondern gehe darauf ein. Sie brauchen dich jetzt!

- Stelle klar fest, dass dein Sprössling nicht verantwortlich für den Tod ist. Viele Kinder plagen sich mit Schuldgefühlen, was zu Komplikationen im Trauerprozess führen kann.

Wie genau das Gespräch ablaufen kann, hängt zum einen vom Charakter, zum anderen vom Alter und dem Entwicklungsstand deiner Kinder ab. Sollten große Altersunterschiede bestehen, sind Einzelgespräche ein absolutes Muss. Bespreche es am besten erst mit den älteren Geschwistern und anschließend mit den jüngeren in einer ruhigen Minute. Doch Vorsicht: Zögere das Gespräch keinesfalls hinaus! Kinder sind sehr feinfühlig und merken sofort, wenn etwas nicht stimmt.

Viele Kinder haben ein doch sehr brutales Bild vom Tod, das durch Fernsehen und Videospiele geprägt ist. Laut einer schwedischen Studie glauben rund 40 Prozent aller befragten Kinder im Alter von sechs bis zehn Jahren, dass Menschen ausschließlich durch Tötung sterben. Ein normales Ableben ist für sie eigentlich unmöglich. Du kannst dir sicherlich vorstellen, wie groß der Schock für solche Kinder ist, wenn sie vom Tod eines geliebten Verwandten erfahren. Wichtig ist deshalb auch, dass du über die Todesursache sprichst – natürlich in altersgerechter Form. Gib deinem Nachwuchs die Chance, das natürliche Versterben von Menschen und Tieren zu begreifen.

Trauer bei Kindern – Hilfreiche Abschiedsrituale für Minderjährige

Eine der größten Fragen, die Eltern von trauernden Kindern beschäftigt, ist die nach der Beerdigung. Rund 10% aller befragter Mamas und Papas sind der Meinung, dass Kinder nicht an Beerdigungen teilnehmen sollten. 11% sind sich sehr unsicher und wissen nicht, wie sie damit umgehen sollen. 79% aller befragten Eltern hingegen möchten, dass sich das Kind mit dem Tod auseinandersetzt und Abschied nehmen kann. Das bedeutet keinesfalls, dass sich diese Elterngruppe keine Gedanken darüber macht, ob eine Beerdigung für ein Kind geeignet ist. Vielmehr möchten jene Mamas und Papas, dass der Sprössling die Chance hat, mit dem Thema abzuschließen.

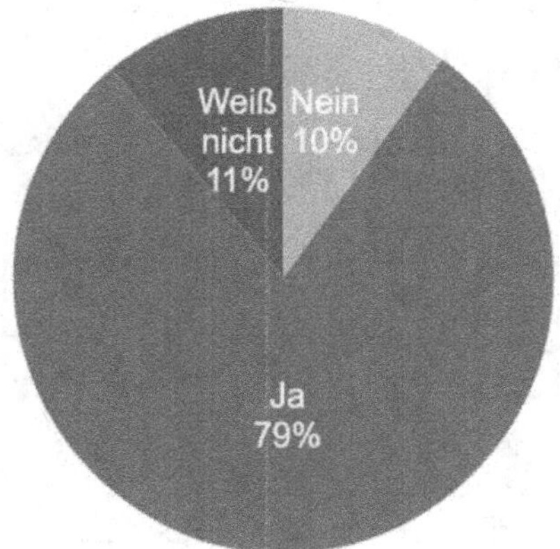

Andere wiederum möchten ihrem Kind den Schmerz ersparen und sie davor schützen. Die Frage bleibt, wie Experten (Psychologen, Kinderärzte und Co.) den Gang zur Beerdigung bewerten.

Die Antwort ist nicht überraschend: Es kommt maßgeblich auf dein Kind an. Nicht nur der Charakter, die Beziehung zu dem verstorbenen Menschen oder das Alter ist entscheidend, sondern vor allem der Entwicklungsstand. Im Regelfall können Kinder ab dem Grundschulalter verstehen, was das Versterben tatsächlich bedeutet, und benötigen deshalb einen klaren Abschluss mit dem Thema. Eine Beerdigung ist deshalb eine gute Hilfestellung, um den Trauerprozess gut fortführen zu können. Bei Babys, Klein- und Kindergartenkindern hingegen kann es zu einer starken Irritation führen, wenn sie eine Menschenmasse trauernder Menschen sehen. Zudem ist das lange Sitzen und Stillsein in diesem Alter noch sehr schwierig, wodurch du dich selbst nur schwer auf die Abschiedsfeier konzentrieren kannst.

Wichtig ist vor allem, dass du dein Kind auf die Beerdigung und die Trauerfeier vorbereitest. Spreche also im Voraus mit deiner Tochter/ deinem Sohn darüber, was in der Kirche und am Friedhof geschieht. Meist kommen dann noch einige Fragen seitens des Sprösslings, die mit Ruhe und Bedacht beantwortet werden sollten. Prinzipiell spricht auch nichts dagegen, den Kleinen ein Gedicht vorlesen oder einige Erinnerungsstücke oder Blumen ins Grab legen zu lassen. Zwang ist hier jedoch falsch. Dein Kind muss selbst entscheiden dürfen, wie es trauern möchte und ob es sich das zutraut.

Sollte dein Kind kurzfristig entscheiden, dass es doch keine Abschiedsrede vor der Trauergemeinschaft halten möchte, solltest du das akzeptieren. Eine Beerdigung ist ein Ausnahmezustand mit vielen Emotionen, die nicht immer direkt verarbeitet werden können von der kleinen Seele eines Kindes.

Für viele Kinder ist es angenehmer, wenn sie im Privaten ein Abschiedsritual durchführen können. Das Malen eines Bildes für das Grab des Verstorbenen, ein selbstgezupfter Blumenstrauß oder das Fliegenlassen eines Luftballons mit einer persönlichen Nachricht, die in den Himmel steigt – der Fantasie sind keine Grenzen gesetzt.

An dieser Stelle möchte ich nochmals darauf hinweisen, dass Kinder nicht so trauern wie erwachsende Menschen. Ihre Gefühle treten meist in Schüben auf und folgen keinem starren Schema. Trauer ist dabei nur selten zu erkennen. Vielmehr sind Wut, Angst, Aggression und Ungeduld ein deutliches Zeichen dafür, dass sich die Seele deines Nachwuchses noch immer mit dem Verlust auseinandersetzt. Nachfolgend findest du einige Hilfestellungen, die deinem Kind den Abschied erleichtern können:

	Beschreibung
Spiel	Vor allem kleine Kinder verarbeiten vieles in Rollenspielen, Bildern etc. Deshalb solltest du nach einem Todesfall vermehrt mit deinem Kind solche Spiele spielen oder es zum Malen auffordern. Hierfür können auch Fingerfarben, Wasserfarben oder normale Bunt- bzw. Filzstifte verwendet werden. Wichtig ist, dass du deinen Sprössling dazu nicht drängst, sondern auf seine/ihre Bedürfnisse eingehst. Solltest du feststellen, dass dein Kind einen unerwartet kritischen Trauerprozess durchläuft, ist das Hinzuziehen eines Experten ein absolutes Muss. Dieser kann gemalte Bilder oder Rollenspiele deutlich besser interpretieren und dir Hilfestellung bei der Unterstützung deines trauernden Kindes geben.
Gespräche	Für Kinder ab dem Grundschulalter sind Gespräche für die Verarbeitung von Trauer deutlich wichtiger, als es für Kindergartenkinder der Fall ist. Kognitive sowie sprachliche Fähigkeiten sind soweit ausgebildet, dass ein konstruktiver Austausch stattfinden kann. Sei auch hier einfach für dein Kind da, aber dränge es nicht zu sprechen. Wie bereits mehrfach erwähnt, trauern Heranwachsende in Schüben und benötigen deshalb immer mal wieder vermehrt Aufmerksamkeit der Bezugspersonen. Fragen sollten ausführlich und mit Bedacht beantwortet werden. Schuldgefühle müssen beseitigt und der Blick auf etwas Schönes (Oma geht es gut im Himmel) gelenkt werden.
Ablenkung	Die normalen Freizeitbeschäftigungen auf Dauer zu vernachlässigen, wirkt sich auf die psychische Verfassung deines Nachwuchses aus. Das gilt nicht nur für sehr Kleine, sondern auch für jugendliche Heranwachsende. Natürlich ist es normal, dass sich Menschen nach einem Todesfall am liebsten in ihr Zimmer verkriechen möchten. Dennoch solltest du sie anhalten, Kontakt mit Freunden, Vereinen und Familienmitgliedern zu halten. Gemeinsame Aktivitäten, wie der Besuch im Schwimmbad, können das Band zwischen den Hinterbliebenen stärken und den Kindern wieder mehr Lebensmut geben.

	Beschreibung
Geschichten	Kindergarten- sowie Grundschulkinder besitzen eine blühende Fantasie, die wir Erwachsenen im Trauerfall für eine positive Beeinflussung des Trauerprozesses nutzen können. Mit altersgerechten Geschichten und Erzählungen kann dein Sprössling das Geschehene besser verarbeiten und das Thema „Tod" deutlich schneller begreifen. Sollte sich das Versterben eines Menschen ankündigen (z.B. aufgrund von Krankheit), können solche Geschichten auch schon als Vorbereitung auf das bevorstehende Ereignis genutzt werden. Spezielle Kinderbücher zu Krankheit und Tod sind pädagogisch sowie psychologisch sehr sinnvoll. Doch solltest du die Erzählungen keinesfalls in direkter Verbindung mit dem erkrankten Angehörigen setzen, um deine Kinder nicht zu erschrecken.
Zuneigung	Wohl kaum etwas ist so tröstend wie eine Umarmung von Mama, Papa, Großeltern, Geschwistern oder anderen geliebten Menschen. Während der Trauerphase reagieren viele Heranwachsende mit Wut und Ärger, doch im Inneren sind sie häufig zerrissen. Die eigenen Gefühle zu ordnen, ist vor allem für Kleinkinder sowie Pubertierende kaum möglich. Zeige deinem Kind deshalb, dass du als starke Mama oder als starker Papa an seiner/ihrer Seite stehst. Gib ihm/ihr den Halt, den er/sie nun wirklich benötigt, und achte auf dessen Bedürfnisse. Manchmal sagt eine Umarmung mehr als tausend Worte.
Rituale	Vor allem beim Versterben eines Elternteils ist das Leben komplett auf den Kopf gestellt und dennoch dreht sich die Erde weiter und die Stunden vergehen. Ein Stehenbleiben in der Trauer kann zu schrecklichen Folgen für alle hinterbliebenen Familienangehörigen führen, doch besonders Kinder leiden unter dem „Aufgeben" des noch lebenden Elternteils. Wichtig ist deshalb, dass ihr gemeinsam neue Rituale findet, die zum einen zu einem neuen Alltag beitragen und zum anderen im Trauerprozess helfen. Möglich wäre hier beispielsweise der Gang zum Friedhof an bestimmten Tagen, das abendliche Gebet hoch in den Himmel zu Mama/Papa/Oma/Opa/etc. oder auch eine ganz intensive morgendliche Verabschiedung vor der Schule. Solche Rituale können von Familie zu Familie unterschiedlich ausfallen. Das Schöne daran ist, dass Kinder meist sehr kreativ diesbezüglich sind und wertvolle Ideen einbringen, wie man den neuen Alltag gestalten kann. Du als hinterbliebener Elternteil kannst solche Ideen ruhig aufgreifen. Prinzipiell gilt: was guttut, ist erlaubt!

	Beschreibung
Persönlicher Abschied	Obwohl es für viele Erwachsene ein absoluter Graus ist, kann es Kindern ab dem Teenageralter doch bei der Verarbeitung des Geschehenen helfen: der Abschied vom Toten. Oma/Opa noch einmal sehen, den Sarg mit Kreide bemalen, ein persönliches Bild in das Grab hineinlegen, die Beerdigung, einen Brief schreiben und vieles mehr. Viele jüngere Kinder sind – wie auch in anderen Bereichen – diesbezüglich sehr einfallsreich. Du als Mama/Papa solltest dringend auf solche Wünsche eingehen, denn sie helfen deinem Sprössling, das Ableben des geliebten Menschen zu begreifen und damit abschließen zu können. Andererseits sollten Kinder, die nicht an der Beerdigung teilnehmen möchten, niemals dazu gezwungen werden. Lass deinem Nachwuchs eine Wahl (ab circa zehn Jahren). Sie wissen oft schon sehr genau, was ihnen guttut und was nicht.
Erinnerungen sammeln	Jeder Mensch hat seine ganz eigenen Erinnerungen an eine verstorbene Person. Jeder Mensch hat aber auch die Angst, diese Erinnerungen zu verlieren, wenn der Tod langsam verblasst. Nicht selten entsteht daraus eine starke (negative) Beeinflussung des Trauerprozesses, denn der Trauernde klammert sich vernarrt an seine Erinnerung und möchte diese nicht loslassen. Du solltest deinen Kindern deshalb deutlich zu verstehen geben, dass die verstorbene Person immer in ihren Gedanken und in ihrem Herzen bleiben wird und sich daran auch niemals etwas ändern wird. Einigen Kindern hilft es, wenn sie ihre Erinnerungen verbalisieren, also darüber sprechen dürfen. Anderen Heranwachsenden hingegen ist es eine Stütze, ihre Erinnerungen aufzuschreiben bzw. zu malen. Eine Art „Erinnerungsbox", wo auch Fotos und kleinere Gegenstände hineingelegt werden können, oder ein Album für Zeichnungen, Briefe, Gedichte, Fotos, etc. sind eine schöne Idee für alle Familienmitglieder, mit dem Ableben eines Menschen besser zurechtzukommen. In schwierigen Phasen oder zu besonderen Anlässen können diese Erinnerungen dann immer wieder herausgeholt und in ihnen geschwelgt werden.

Um deine Kinder zu unterstützen, solltest du mit Freunden, Bekannten, Lehrern, Trainern im Sportverein und allen Personen, die in Kontakt mit deinem Sprössling stehen, auf den Todesfall aufmerksam machen. Voraussetzung hierfür ist natürlich, dass dein Kind stark vom Verlust getroffen ist und deshalb eine besondere

Betreuung bzw. Begleitung benötigt. Viele Schulen reagieren mit viel Verständnis auf eine derartige Situation. Teilweise können sogar Prüfungen nachgeschrieben werden, um dem Kind die Möglichkeit zu geben, seine psychische Verfassung wiederzuerlangen und sich dann vollständig auf seine Bildung konzentrieren zu können.

Natürlich steht dir immer auch frei, psychologische Betreuung in Anspruch zu nehmen. Das ist vor allem dann sinnvoll, wenn es sich um ein Elternteil oder einen gewaltsamen Tod handelt. Trauerbegleitungen werden von der Krankenkasse über-nommen und sind dafür für jeden Menschen erreichbar.

Leb wohl, lieber Dachs (Trauer bei Kindern)

Der Dachs war zuverlässig und immer hilfsbereit. Er war auch schon sehr alt, und er wusste fast alles. Der Dachs war so alt, dass er wusste, er würde bald sterben.

Der Dachs fürchtete sich nicht vor dem Tod. Sterben bedeutete nur, dass er seinen Körper zurückließ. Und da sein Körper nicht mehr so wollte wie in früheren Tagen, machte es dem Dachs nicht allzu viel aus, ihn zurückzulassen. Seine einzige Sorge war, wie seine Freunde seinen Tod aufnehmen würden. Er hatte sie schon vorbereitet und ihnen gesagt, irgendwann würde er durch den „Langen Tunnel" gehen. Er hoffe, sie würden nicht zu traurig sein, wenn seine Zeit gekommen war.

Eines Tages beobachtete der Dachs, wie der Maulwurf und der Frosch den Hügel hinunterliefen. Während er ihnen nachsah, fühlte der Dachs sich ungemein alt und müde. Nichts hätte er sich mehr gewünscht, als mit seinen Freunden umherzutollen. Doch er wusste, dass seine alten Beine es nicht erlaubten. Er schaute den beiden lange zu und freute sich, dass sie so vergnügt waren.

Als er nach Hause kam, war es schon spät. Er sagte dem Mond gute Nacht und zog die Vorhänge vor der kalten Welt draußen zu. Langsam näherte er sich dem wärmenden Feuer, das tief unter der Erde auf ihn wartete. Er aß sein Abendbrot und setzte sich dann an den Schreibtisch, um einen Brief zu schreiben. Als er fertig war, ließ er sich im Schaukelstuhl neben dem Kamin nieder. Er schaukelte sanft hin und her und war bald eingeschlafen.

Und er hatte einen seltsamen, doch wundervollen Traum, wie er ihn nie zuvor geträumt hatte.

Der Dachs lief. Zu seiner höchsten Überraschung lief er munter dahin. Vor ihm öffnete sich ein langer Tunnel. Seine Beine trugen ihn kräftig und sicher dem Tunnel entgegen. Er brauchte keinen Spazierstock mehr, also ließ er ihn liegen. Der Dachs lief leicht und behende, schneller und immer schneller durch den langen Gang, bis seine Pfoten den Boden gar nicht mehr berührten. Er fühlte, wie er kopfüber stürzte, wie er hinfiel und sich überschlug, aber er tat sich überhaupt nicht weh. Er fühlte sich frei. Es war, als wäre er aus seinem Körper herausgefallen.

Am folgenden Tag versammelten sich seine Freunde vor dem Eingang am Dachsbau. Sie machten sich Sorgen, weil der Dachs nicht wie sonst herausgekommen war, um ihnen einen guten Morgen zu wünschen.

Der Fuchs eröffnete ihnen die traurige Nachricht. Er sagte, dass der Dachs tot sei. Dann las er ihnen den Brief vor. Darin stand nur: »Bin durch den ‚Langen Tunnel‘ gegangen. Lebt wohl, Dachs.«

Alle Tiere hatten den Dachs liebgehabt, und alle waren sehr betrübt. Besonders der Maulwurf fühlte sich allein und verlassen und furchtbar unglücklich.

Abends im Bett musste der Maulwurf immer an den Dachs denken.

Tränen liefen ihm über die samtene Nase hinab, bis die Bettdecke klatschnass war, die er zum Trost fest umklammert hielt. Draußen begann es zu schneien. Bald deckte eine dicke Schneeschicht die Behausungen der Tiere zu, in denen sie es die kalten Monate hindurch warm und gemütlich hatten. Der Schnee begrub das Land unter sich, aber er konnte die Traurigkeit nicht begraben, die die Freunde des Dachses erfüllte.

Der Dachs war immer zur Stelle gewesen, wenn ihn einer brauchte. Die Tiere wussten nicht, wie sie jetzt ohne ihn zurechtkommen sollten. Der Dachs hatte ihnen gesagt, sie sollten nicht traurig sein. Aber das war schwer. Als es anfing, Frühling zu werden, besuchten die Tiere einander oft und redeten von der Zeit, als der Dachs noch lebte.

Der Maulwurf konnte besonders geschickt mit der Schere umgehen. Und nun erzählte er, wie der Dachs ihn einst gelehrt hatte, aus einem zusammengefalteten Bogen Papier eine Maulwurfskette auszuschneiden.

Er erinnerte sich, wie sehr er sich gefreut hatte, als ihm sein Meisterstück gelungen war: eine ganze lange Kette von Maulwürfen, die sich an den Pfoten hielten.

Der Frosch war ein glänzender Schlittschuhläufer. Er erinnerte sich, wie der Dachs ihm geholfen hatte, die ersten unsicheren Schritte auf dem Eis zu tun. Der Dachs hatte ihn behutsam über das Eis geführt, bis er sich sicher genug fühlte, um allein darüber zuflitzen.

Der Fuchs dachte an die Zeit, als er ein junges Füchslein war. Und wie es ihm nicht gelingen wollte, einen ordentlichen Krawattenknoten zu binden. Schließlich hatte ihm der Dachs gezeigt, wie man es machte. Der Fuchs konnte jetzt alle möglichen Arten von Krawattenknoten schlingen und noch ein paar dazu, die er selbst erfunden hatte. Und natürlich war seine Krawatte immer tadellos gebunden.

Der Dachs hatte Frau Kaninchen sein Spezialrezept für Lebkuchen gegeben und ihr gezeigt, wie man Lebkuchenkaninchen backte. Frau Kaninchen war in der ganzen Gegend für ihre Kochkunst berühmt. Als sie von ihrer ersten Kochstunde beim Dachs erzählte, konnte sie beinah den köstlichen Duft frisch gebackener Lebkuchen schnuppern.

Jedes der Tiere bewahrte eine besondere Erinnerung an den Dachs – irgendetwas, was er sie gelehrt hatte und was sie jetzt ausnehmend gut konnten. Der Dachs hatte jedem von ihnen ein Abschiedsgeschenk hinterlassen, das sie wie einen Schatz hüteten. Mit ihren verschiedenen Gaben konnten sie alle einander helfen.

Mit dem letzten Schnee schmolz auch die Traurigkeit der Tiere dahin. So oft der Name des Dachses fiel, kam einem von ihnen eine neue Schmunzelgeschichte in den Sinn.

An einem warmen Frühlingstag wanderte der Maulwurf über den Hügel, wo er den Dachs zum letzten Mal gesehen hatte. Hier wollte er dem Freund für sein Abschiedsgeschenk danken.

»Danke, Dachs«, sagte er leise. Er war überzeugt, dass ihn der Dachs hörte. Und – vielleicht war es auch so.

Autor: Susan Varley – Quelle: „Leb wohl, lieber Dachs" München: Annette Betz Verlag 2010

Ein Trauerbuch für Kinder hilft beim Verstehen des Versterbens einer Person sowie bei der anschließenden Trauerbewältigung. Abhängig vom Alter deines Sprösslings solltest du entweder ein normales Trauer-Kinderbuch oder ein Trauer-Bilderbuch wählen.

Sollte der Tod eines geliebten Menschen bevorstehen (beispielsweise bei Krankheit), ist es durchaus sinnvoll, schon während dieser Vorbereitungsphase auf das Versterben verschiedene Kinderbücher mit den Sprösslingen zu durchstöbern. Dabei solltest du das Gelesene aber <u>nicht</u> mit dem bevorstehenden Tod des Verwandten thematisieren!

Trauerbewältigung bei Erwachsenen

Verschiedene Modelle der Trauerbewältigung geben uns einen kleinen Anhaltspunkt, in welchem Stadium wir sind. James William Worden geht dabei noch einen Schritt weiter und beschreibt nicht die einzelnen Phasen des Trauerprozesses, sondern vielmehr die Aufgaben, die das Trauern für die menschliche Seele hat.

Den Verlust zu verarbeiten kann in diesem Zusammenhang sehr langwierig und schmerzhaft sein. Doch der erste Schritt hin zu einem glücklichen und selbstbestimmten Leben ist vor allem eines: Akzeptanz. Um den Verlust akzeptieren zu können, müssen zum einen äußere Einflüsse auf dich wirken und zum anderen musst du auch innerlich einiges in Gang setzen. Da ein klarer Blick auf das Wesentliche während der Trauerzeit sehr schwer sein kann, findest du nachfolgend alle wichtigen Maßnahmen, die du ergreifen solltest.

Finde einen Weg, mit deinen Gedanken und Gefühlen umzugehen

Je enger die Beziehung zu einem Menschen oder einem Tier war, desto schwerer fällt der Abschied. Doch die menschliche Psyche ist so aufgebaut, dass sie sich selbst heilen kann, wenn du ihr nur die Chance dazu gibst. Deshalb ist es wichtig, dass du einen Weg findest, um mit den Gefühlen des Verlustes umgehen und leben zu können. Vielen Menschen hilft es, sich mit anderen Personen (Freunden, Familie, psychologischem Fachpersonal) zu sprechen. Durch das Verbalisieren deiner Gefühlslagen, Ängste, Hoffnungen und Erinnerungen gibst du dir selbst die Chance dazu, den Blick auf etwas Positives zu richten. Dein Innerstes quält sich so nicht mehr mit Spekulationen und Schmerzen, sondern du redest es dir wortwörtlich von der Seele.

Gehörst du zu den eher introvertierten Menschen, kann ein Trauertagebuch helfen, in das du alle Emotionen und Tätigkeiten schreibst. Auch das ist eine Art der Trauerbeschäftigung, die deiner Seele beim Verarbeiten des Geschehenen hilft. Wichtig dabei ist, dass du nicht nur das negative Aufschreibst, sondern auch die Dinge, die am Tag gut gelaufen sind, und die Hoffnungen, die du für deine Zukunft hast. Alles, was dir durch den Kopf geht, ist erlaubt.

Eine dritte Möglichkeit, um mit deinen Gedanken und Gefühlen besser umgehen zu können, ist das Zeichnen von Bildern bzw. Gemälden. Vor allem kreativen Menschen hilft diese Art des Ausdrucks der eigenen Emotionen. Dabei kommt es gar nicht so viel auf die Perfektion oder die Schönheit an, sondern vielmehr auf das Freilassen deiner Gefühlslagen sowie Stimmungen.

Lass die Trauer zu

Es ist ein ganz normaler Prozess, dass negative Gefühle verdrängt werden. In gewisser Weise ist das ein Selbstschutz, um weiter „funktionieren" zu können und sich nicht unnötig zu quälen. Doch ist das Verdrängen sinnvoll? Ist das Leugnen eines Sterbefalls wirklich unnötig? Psychologen und Ärzte sind sich einig, dass du die Trauer zulassen musst, um in ein paar Monaten wieder ein normales Leben führen zu können. Das mag dir in deiner derzeitigen Situation wohl eher befremdlich vorkommen, denn ein „normales" Leben, wie du es gewohnt warst, wird es wohl eher nicht mehr geben. Doch die Devise heißt: ein NEUES „normales" Leben zu finden, und dazu gehört nun einmal auch die Beschäftigung und der Abschluss mit deiner Trauer.

In ruhigen Momenten oder in Anwesenheit einer Vertrauensperson bzw. deines geliebten Haustieres solltest du deshalb versuchen, deine Trauer zuzulassen. Ob das nun Tränen sind, die du vergießt, oder ein Wutausbruch – negative Gefühle gehören zum Trauerprozess dazu. Du wirst sehen, dass du dich danach deutlich besser fühlen wirst. Ein gewisses Gefühl der Befreiung wird spürbar werden, was der erste Schritt zur Trauerverarbeitung ist. Hab immer im Hinterkopf: Du musst nicht rund um die Uhr stark sein! Du bist ein Mensch, der fühlt und das Recht hat, Emotionen zuzulassen.

Nimm Abschied vom Toten

Sich von jemanden zu verabschieden, ist ein wichtiger Schritt in der Akzeptanz und des Verstehens für das, was geschehen ist. Dabei kann der Abschied ganz unterschiedlich aussehen. Verstirbt der Mensch in den eigenen vier Wänden, kannst du dich wahrscheinlich ganz in Ruhe und alleine von ihm verabschieden. Im Krankenhaus gibt es im Regelfall einen speziellen Raum, wo der Tote aufgebahrt wird. Dort dürfen Verwandte hinein, eine Kerze anzünden und sich so viel Zeit lassen, wie sie benötigen. Alternativ kannst du das auch nochmals in der Kirchengemeinde deines Wohnortes machen.

Viele Menschen scheuen das Ansehen eines Leichnams. Viel schöner empfinden sie die Erinnerung zu behalten, wie der Mensch einst gewesen ist. Gehörst du zu dieser Art Trauernder, bist du natürlich nicht dazu gezwungen, deinen Partner/deine Eltern/Geschwister/etc. nach dem Versterben aufbahren zu lassen. Psychologen und Ärzte halten es aber für sinnvoll, an der Trauerfeier teilzunehmen. Das symbolische Tragen sowie Hinunterlassen ins Grab macht den Abschluss deutlich einfacher. Andere Menschen, die daran teilnehmen, können dir Trost spenden. Zudem ist es ein doch sehr friedlicher Gedanke zu wissen, dass sich so viele Menschen von dem Verstorbenen, der dir so viel bedeutet hat, verabschieden wollen. Welche größere Ehre gibt es, als zu wissen, dass Freunde, Familie und Bekannte auch noch nach dem Tod an diese Person denken?

Bei einer Beerdigung wird traditionell eine schwarze Trauerbekleidung erwartet. Allerdings steht es in deinem Ermessen zu entscheiden, auf welche Art du dich vom Verstorbenen verabschieden möchtest. Hierfür gibt es unterschiedliche Kulte, die bereits im Kapitel „Verschiedene Trauerkulte" näher beschrieben wurden. Wird es eine christliche Beerdigung, kannst du in die Trauerrede ein paar persönliche Worte einfließen lassen oder diese sogar selbst vortragen.

Zu schönen Ritualen des Abschiednehmens gehören unter anderem folgende Varianten:

- das Anzünden einer Trauer Kerze,

- das Anfertigen eines Trauer-Bilderrahmens mit schönen Fotos, die den Verstorbenen so zeigen, wie er wirklich war,

- das Bemalen eines Trauer-Steins für das Grab,

- das Basteln der Trauer-Tischdeko.

Diese Dinge lassen sich auch wunderbar mit Kindern durchführen, um ihnen bei der Trauerbewältigung zu helfen und sie aktiv beim Verabschieden von der verstorbenen Person zu unterstützen.

Finde neue Hobbys und einen neuen Tagesablauf

Ein wichtiger Schritt, um die Trauer zu überwinden, ist die Suche nach einem neuen Hobby sowie einem neuen Tagesablauf. Vor allem in den ersten Wochen wird dir das sehr schwer erscheinen. Antriebslosigkeit, Lustlosigkeit und ständige Müdigkeit prägen den Tag. Doch mit der Zeit wirst du neuen Lebensmut erhalten. Durch einen Todesfall kann sich unter Umständen dein komplettes Leben um 180° wenden, was auch deine Interessen beeinflussen wird. Freizeitaktivitäten, die vorher eher unterinteressant für dich erschienen, erfüllen dich plötzlich. Du legst Wert auf komplett andere Dinge, z.B. die körperliche Gesundheit sowie Fitness.

In punkto Tagesablauf musst du dich aktiv aufraffen und deinen inneren Schweinehund überwinden. Vor allem, wenn du eine Zeit lang von der Arbeit befreit bist und keine Kinder hast, wird sich ein kontraproduktiver Trott einschleichen. Versuche, wieder in eine Routine hineinzukommen. Hierfür kannst du auch die Hilfe von Freunden und Verwandten in Anspruch nehmen. Stell dir einen Wecker, ernähre dich gesund, pflege Rituale (z.B. den Gang zum Friedhof oder das Putzen des Hauses).

Solltest du Kinder haben, musst du darauf achten, von Anfang an einen möglichst gleichbleibenden Alltagsablauf zu pflegen. Natürlich werden sich auch dann einige Dinge ändern durch den Tod von Mama/ Papa / Oma/Opa/etc. Doch im Allgemeinen sollte auf Kontinuität geachtet werden. Das hilft nicht nur dir, sondern auch deinen Sprösslingen, den Verlust zu verarbeiten.

Halte den Kontakt mit Freunden, Bekannten und Familie

Viele Menschen möchten sich am liebsten einigeln, um alleine mit ihrer Trauer und dem Verlust fertig zu werden. Doch aus psychologischer Sicht ist das auf Dauer keine so gute Idee. Gefühle können sich nicht voll entfalten, der Verlust wird umso deutlicher und das Leben gerät aus den Fugen. Besser ist es deshalb, dass du den Kontakt zu Freunden sowie Familie hältst. Ob das nun Gespräche über die Erinnerungen an den Verstorbenen sind oder einfach nur ein nettes Beisammensein, um über belanglose Dinge zu quatschen, ist irrelevant. Wichtig ist, dass du merkst, du bist nicht allein. Ein Verlust ist etwas sehr Schlimmes, vor allem bei sehr nahestehenden Personen, doch du lebst und solltest das Beste daraus machen. Stelle dir im Zweifelsfall immer die Frage: „Würde mein Partner/meine Eltern/etc. wollen, dass ich den Mut verliere?"

Verstorbene wollen nicht, dass die Hinterbliebenen leiden. Sie möchten, dass du sie in guter Erinnerung behältst und sie weiterhin liebst. Auf eine ganz eigene Art und Weise, die dich in deinem Leben und deinem Sozialverhalten nicht beeinflusst. Menschen sind soziale Wesen und benötigen besonders in schwierigen Situationen den Halt der Gesellschaft bzw. Freunde.

Tu dir etwas Gutes

Besonders in schwierigen Zeiten ist es wichtig, dass du dir etwas Gutes tust. Das dient nicht primär der Ablenkung, sondern vielmehr deinem seelischen Wohlbefinden. Doch was bedeutet es überhaupt, sich selbst etwas Gutes zu tun?

Die Antwort auf diese Frage kannst im Endeffekt nur du selbst haben. Jeder Mensch hat andere Bedürfnisse. Für die einen kann ein Spaziergang durch die Natur eine wahre Wohltat für die Seele sein. Für den anderen ist es ein Besuch im Wellness- oder Fitnesscenter. Wieder andere bevorzugen das entspannte Mittagessen mit Freunden oder einen Ausflug mit der kompletten Familie. Was dir guttut, ist erlaubt!

Dazu gehört auch, dass du Situationen vermeidest, die für dich unangenehm sind. Vielen Menschen fällt es nach einem Todesfall schwer, in die Wohnung des Verstorbenen zu gehen oder die Klamotten der verstorbenen Person zu entsorgen. Lass dir hierfür ausreichend Zeit, denn du hast ein Recht darauf, in deinem Tempo zu trauern.

Bei einem Trauerfall kannst du dich von deinem Hausarzt oder einem Psychologen krankschreiben lassen, um dich zunächst voll auf dich selbst und deine Familie zu konzentrieren. Zudem sind spezielle Kuren für trauernde Menschen verfügbar, die du in Anspruch nehmen kannst.

Wie kannst du anderen trauernden Menschen helfen?

Es gibt zahlreiche Möglichkeiten, wie du anderen trauernden Menschen helfen kannst. Hierzu gehören unter anderem spezielle Trauergeschenke sowie seelische Unterstützung beim Durchstehen der Trauerphase.

	Stilvolle Trauergeschenke
Trauerkarte	Bei Trauer eine Karte zu erhalten, ist immer wieder ein tröstendes Signal, das zeigt „andere Menschen denken an mich". Aus diesem Grund lassen sich etliche Designs mit tollen Sprüchen und Illustrationen im Handel finden. Durch eine Trauerkarte kannst du auf dezente Weise deine Beileidsbekundungen übermitteln und Hilfe anbieten. Lass dabei ruhig ein paar persönliche Worte einfließen.
Trauerkranz	Ein Kranz, ein Gesteck oder einen Strauß – professionelle Floristen bieten ein breites Sortiment verschiedener Blumenschmuckstücke. Sie geben dir die Möglichkeit, nochmals deine Gefühle zum Ausdruck zu bringen, und zeigen den Hinterbliebenen, dass sie nicht alleine sind.
Fotogeschenk	Stehst du der Familie sehr nahe und hast ein gutes Verhältnis zu ihr, kannst du auch ganz persönliche Geschenke überreichen. Ein eigens angefertigtes Fotobuch oder ein Bilderrahmen mit Erinnerungen an die gemeinsame Zeit mit dem Verstorbenen sind sehr tröstend für die Hinterbliebenen und zeigen ihnen einmal mehr, dass du für sie da bist.

Entsprechende Geschenke und Artikel findest du in speziellen Trauer-Shops im Internet sowie in einigen Drogeriemärkten vor Ort.

Neben solchen Geschenken ist vor allem deine seelische Unterstützung für den Genesungsprozess des Trauernden sinnvoll. Solltest du merken, dass sich die hinterbliebene Person nicht von ihrer Traurigkeit befreien kann, sollte eine professionelle Trauerberatung aufgesucht werden. Entsprechende Einrichtungen findest du im Kapitel „Wenn die Trauer nicht vergeht…".

	Trauerbegleitung Angehörige
Anrufe	Kondolenzanrufe sind ein absolutes Muss. Nicht nur, wenn du vom Ableben einer Person erfährst, sondern auch in der Zeit danach. Mehr denn je benötigen die Hinterbliebenen einen Menschen, der sie in ihrer Trauer begleitet. Dabei ist es vor allem wichtig, dass du zuhören kannst. Nicht du selbst stehst nun im Vordergrund, sondern die Gefühle der Hinterbliebenen.
Besuche & Ausflüge	Zusätzlich zu den Anrufen oder als Alternative kannst du Besuche tätigen. Solltest du in der unmittelbaren Umgebung leben, kann ein kurzer Besuch zum Kaffeetrinken genauso tröstend sein wie die Einladung zum gemeinsamen Grillabend. Achte dabei immer auf das Befinden der trauernden Personen ohne dich dabei aufzudrängen. Eine weitere Maßnahme in der Trauerbegleitung ist die Ablenkung. Bei Familien mit Kindern kann das der gemeinsame Ausflug in den Tiergarten sein. Bei einem erwachsenen Menschen ist auch ein gemeinsames Abendessen im Lieblingsrestaurant denkbar.
Teilnahme an der Beerdigung	Oft sind schon ganz kleine Gesten ein tröstendes Signal für die trauernden Personen. Zu sehen, dass Nachbarn, Freunde, Bekannte, Vereinsmitglieder, Arbeitskollegen und viele mehr zur Beerdigung kommen und dem Verstorbenen die letzte Ehre erweisen, ist ein wunderschöner Abschluss. Auch du solltest deine beste Trauerkleidung tragen und daran teilnehmen. Eventuell kannst du die Familie auch bei der anschließenden Trauerfeier mit einem Kuchen oder der Tischdeko unterstützen.
Unterstützung	Von einem Moment auf dem anderen gerät das Leben vollkommen aus den Fugen. Kein Wunder, dass sich viele Hinterbliebene deshalb verloren und orientierungslos fühlen. Vor allem in den ersten Wochen nach dem Versterben des geliebten Menschen haben sie meist sehr stark mit der Bewältigung ihres normalen Alltags zu kämpfen, weshalb du deine Hilfe anbieten solltest. Ob das der Gang in den Supermarkt, die Unterstützung bei organisatorischen Belangen oder das Babysitten ist – sei einfach da für die Hinterbliebenen und halte ihnen den Rücken frei. Besonders beim Versterben eines Elternteils ist die restliche Familie auf die Unterstützung ihrer Freunde und Bekannten angewiesen.

Wunderschöne Gedichte und Zitate für trauernde Menschen

Geschichten, die Mut machen

Wie bereits an früherer Stelle dieses Kapitels beschrieben, hat das Lesen von Geschichten, Gedichten und Erfahrungen für viele Menschen etwas sehr Tröstendes. Sie lassen einen anderen Blickwinkel zu, der dir bei der Trauerbewältigung helfen und dir neuen Lebensmut vermitteln kann. Aus diesem Grund findest du nachfolgend drei kurze Erzählungen rund um das Thema „Trauer und Bewältigung":

Von der Libelle und dem Wasserkäfer

Am Boden eines kleinen ruhigen Teiches lebte eine Gemeinschaft von Wasserkäfern. Es war eine zufriedene Gemeinschaft, die dort im Halbdunkel lebte und damit beschäftigt war, über den Schlamm am Boden des Teiches hin und her zu laufen und nach etwas Nahrung zu suchen.

Immer wieder bemerkten die Wasserkäfer jedoch, dass der eine oder andere von ihnen anscheinend das Interesse daran verlor, bei ihnen zu bleiben. Er klammerte sich dann an einen Stängel einer Teichrose und kroch langsam daran empor bis er verschwunden war. Dann wurde er nie wiedergesehen.

Eines Tages, als dies wieder geschah, sagten die Wasserkäfer zueinander: „Da klettert wieder einer unserer Freunde den Stängel empor. Wohin mag er wohl gehen?"

Aber obwohl sie genau zuschauten, entschwand auch dieses Mal der Freund schließlich aus ihren Augen. Die Zurückgebliebenen warteten noch eine lange Zeit, aber er kam nicht zurück.

„Ist das nicht merkwürdig?", sagte der erste Wasserkäfer.

„War er denn hier nicht glücklich bei uns?", fragte der zweite.

„Wo er jetzt wohl ist?", wunderte sich der dritte.

Keiner wusste eine Antwort. Sie standen vor einem Rätsel. Schließlich berief der Älteste der Käfer eine Versammlung ein. „Ich habe eine Idee", sagte er. „Der Nächste, der von uns den Teichrosenstängel emporklettert, muss versprechen, dass er zurückkommt und uns erzählt, wohin er gegangen ist und warum." „Wir versprechen es", sagten alle feierlich.

Nicht lange danach an einem Frühlingstag bemerkte genau der Wasserkäfer, der den Vorschlag gemacht hatte, dass er dabei war, den Teichrosenstängel emporzuklettern. Höher und immer höher kletterte er. Und dann, noch bevor er wusste, was ihm geschah, durchbrach er die Wasseroberfläche und fiel auf ein großes, grünes Teichrosenblatt.

Als der Wasserkäfer wieder zu sich kam, blickte er verwundert um sich. Er konnte nicht glauben, was er da sah. Alles war ganz anders und auch sein Körper schien auf merkwürdige Art verändert. Als er ihn neugierig zu betrachten begann, fiel sein Blick auf vier glitzernde Flügel und einen langen Hinterleib, die nun anscheinend zu ihm gehörten. Noch während er sich über seine ungewohnte Form wunderte, spürte er einen Drang, die Flügel zu bewegen. Er gab dem Drang nach, bewegte seine Flügel – und plötzlich, ohne zu wissen wie, befand er sich in der Luft.

Der Wasserkäfer war eine Libelle geworden. Auf und ab, in engen und großen Kreisen, bewegte sich die neugeborene Libelle durch die Luft. Sie fühlte sich wunderbar in diesem so ganz andersartigen Element. Nach einiger Zeit ließ sie sich auf einem Blatt zum Ausruhen nieder.

In diesem Moment sah die Libelle hinunter ins Wasser. Und da waren ihre alten Freunde, die anderen Wasserkäfer, die hin und her liefen am Boden des Teiches. Jetzt erinnerte sich die Libelle an ihr Versprechen.

Ohne lange zu überlegen, stürzte sich die Libelle hinab, um ihren alten Freunden zu berichten. Aber sie prallte an der Oberfläche des Wassers ab.

"Ich kann nicht zurück." sagte sie traurig. "Zwar habe ich es versucht, aber ich kann mein Versprechen nicht halten. Und selbst wenn ich zurückkönnte, kein einziger meiner Freunde würde mich in meinem neuen Körper erkennen."

Und nach einigem Nachdenken wurde ihr klar: "Ich muss wohl warten, bis sie ebenfalls Libellen geworden sind. Dann wissen sie selbst, was mir widerfahren ist und wohin ich gegangen bin."

Verfasser/Autor: Unbekannt
https://vielfaeltigwiedasleben.jimdofree.com/lebensabschnitte/tod-leben/

Der alte Mann (nach einer wahren Geschichte)

Einst lebte in Frankreich ein älterer Mann, dessen geliebte Frau verstorben war. Als auch noch sein einziger Sohn ums Leben kam, fragte er sich, wofür er noch leben solle? Er verließ seinen Bauernhof und begab sich mit seinen Schafen auf Wanderschaft. Nach einer Weile kam er in eine trostlose Gegend, man könnte beinahe Wüstenlandschaft dazu sagen. Durch das rücksichtslose Roden der Wälder hatte der Boden keinen Schutz mehr. In den wenigen Dörfern, durch die er zog, waren die meisten Häuser verfallen und viele Menschen bereits weggezogen. In der Hoffnung, dort vergessen zu können, siedelte er sich an und suchte nach einer sinnvollen Beschäftigung, um sich abzulenken. Er erkannte, dass ohne Bäume bald die ganze Landschaft absterben würde – dies wollte er verhindern.

So besorgte er sich Säcke mit Eicheln und steckte eine nach der anderen in den Boden. Nun hatte er eine Aufgabe, die ihn erfüllte, und er hoffte, dass Gott ihm noch viel Zeit schenken würde, um so weitermachen zu können. Nach nur wenigen Jahren sah er die Früchte seiner Arbeit. Viele der 100.000 gesetzten Eicheln waren angewachsen. Die unzähligen Wurzeln der Eichen hielten den Regen fest, Wasser floss wieder in den Bächen, die Weiden und Wiesen erblühten, auch die Vögel kehrten zurück. In den Dörfern siedelten sich wieder Familien an. Die Häuser wurden renoviert und neue hinzugebaut.

Die Menschen bekamen wieder Freude am Leben und feierten mit dem Mann noch viele Feste. Seine Trauer konnte er nie ganz vergessen. Doch er war sehr dankbar dafür, dass mit dem Erblühen seiner Wälder auch er selbst innerlich erblühte und sein Leben noch einmal einen Sinn bekommen hatte. Mitte des 19. Jahrhunderts starb der Mann friedlich mit knapp 90 Jahren. Es heißt, dass er drei einzigartige, wunderschöne Wälder hinterließ, die elf Kilometer lang und drei Kilometer breit sind. Noch heute spazieren viele Verliebte in diesen Eichenwäldern und spüren deren wunderbare Energie.

Verfasser/Autor: Unbekannt

Quelle:

https://www.bestattung-erfurt.de/nachsorge-2/maerchen-und-kurzgeschichten/?cn-reloaded=1

Gotami und das Senfkorn (buddhistisches Trauerbuch für Erwachsene)

Zur Zeit des Buddha lebte eine junge Frau namens Gotami. Ihr einziges Kind starb, als es ein Jahr alt war. Von Trauer überwältigt, den kleinen Körper fest umklammernd, irrte sie durch die Straßen und flehte jeden um Hilfe an. Alle Menschen, die sie auf der Straße traf, fragte sie: „Wisst ihr eine Medizin, die meinem Kind das Leben wiedergeben kann?" Einige ignorierten sie, andere lachten sie aus, wieder andere hielten sie für verrückt. Schließlich traf sie einen alten, weisen Mann, der ihr den Rat gab, sie solle zum Buddha gehen, das sei der einzige Mensch, der ihr vielleicht helfen könnte. Also ging sie zum Buddha, legte ihm den Körper ihres Kindes zu Füßen und erzählte ihm ihre Geschichte. Der Buddha hörte sie mit unendlichem Mitgefühl an und sagte ihr sanft: „Es gibt nur ein Mittel gegen dein Leiden. Geh hinunter in die Stadt und bring mir ein Senfkorn mit aus einem Haus, in dem noch nie jemand gestorben ist."

Gotami war erleichtert und machte sich sofort auf in die Stadt. Beim ersten Haus klopfte sie an und fragte: „Habt ihr Senfkörner?" Dabei muss man wissen, dass im alten Indien jedes Haus genug Senfkörner hatte. „Natürlich haben wir Senfkörner", war die Antwort. Gotami war schon glücklich über die Antwort, da fragte sie doch noch: „Ist in diesem Haus schon einmal jemand gestorben?". „Ja, letztes Jahr, der Großvater." Und Gotami ging zum nächsten Haus und fragte: „Der Buddha schickt mich, ich soll ihm ein Senfkorn bringen aus einem Haus, in dem noch nie jemand gestorben ist." „In diesem Haus sind schon viele Menschen gestorben", bekam sie zur Antwort. So ging sie zum nächsten Haus und stellte die gleiche Frage. „In unserer Familie hat es zahllose Todesfälle gegeben", sagte man ihr. Und so war es auch im dritten und vierten Haus, bis sie in der ganzen Stadt gefragt hatte und erkannte, dass der Auftrag des Buddha nicht zu erfüllen war.

Da brachte sie den Körper ihres Kindes zum Verbrennungsplatz und nahm endlich Abschied von ihrem Kind und kehrte zum Buddha zurück. „Hast du den Senfsamen?", fragte er sie. „Nein", antwortete sie. „Ich fange an zu verstehen, was Ihr mich lehren wolltet. Trauer hat mich geblendet und mich glauben gemacht, nur ich allein hätte unter dem Zugriff des Todes zu leiden." „Warum bist du zurückgekehrt?", fragte der Buddha. Und sie erwiderte: „Um Euch zu bitten, mich die Wahrheit zu lehren – über den Tod und was jenseits des Todes liegt, und ob es in mir etwas gibt, das nicht stirbt." Der Buddha begann sie zu unterrichten: „Wenn du die Wahrheit von Leben und Tod verstehen willst, musst du ohne Unterlass über Folgendes nachdenken: Nur ein Gesetz im Universum ändert sich niemals! Alle Dinge wandeln sich und nichts ist dauerhaft. Alles ist vergänglich und unbeständig."

Verfasser/Autor: Unbekannt

Quelle:

https://www.bestattung-erfurt.de/nachsorge-2/maerchen-und-kurzgeschichten/?cn-reloaded=1

Möglicherweise ist ein Begräbnis unter Menschen eine Hochzeitsfeier unter Engeln.

Khalil Gibran

Wir sind nicht umsonst in diese Welt gesetzt. Wir sollen hier reif für eine andere werden.

Matthias Claudius

Da ist sie wieder, meine Traurigkeit. Es ist, als sei es heute gewesen, dass Du starbst, kleiner Bruder. Wie betäubt war ich damals, an jenem sonnigen Apriltag. Dich nie wieder lachen sehen und hören, Deine Freude über meinen Besuch erleben. Warum, frage ich mich, tötet jemand kleine Kinder, so klein wie Du, mit Deinen sieben Jahren? Wo war Gott in diesem Moment, wenn es ihn gibt? Hat er weggeschaut? Doch, was ändert sich? Du fehlst! Eine tiefe Wunde ist mir geblieben über diesen Verlust. Wo bist Du jetzt? Wo ist das, weg? Und, geht es Dir gut dort? Nein, sorge Dich nicht. Im Angesicht Deines Todes schaue ich gut auf mich. Vieles habe ich gemeistert; manches nicht. Ich habe gelernt, dass das Leben so ist. Es gibt Zeiten, da denke ich besonders oft an Dich. Mit Freude und Wehmut. - Bist ja mein kleiner Bruder. Nun sind es beinahe vierzig Jahre, dass wir uns gesehen und gesprochen haben. Und immer noch erscheinst Du mir nah.

Karsten Raedel

Ich sah des Sommers letzte Rose stehn, sie war, als ob sie bluten könne, rot. Da sprach ich schaudernd im Vorübergehn: so weit im Leben ist zu nah am Tod. Es regte sich kein Hauch am heißen Tag, nur leise strich ein weißer Schmetterling, doch ob auch kaum die Luft sein Flügelschlag bewegte, sie empfand es und verging.

Friedrich Hebbel

Der Tod ist nichts, ich bin nur in das Zimmer nebenan gegangen. Ich bin ich, ihr seid ihr. Das, was ich für Euch war, bin ich immer noch. Gebt mir den Namen, den Ihr mir gegeben habt. Gebraucht nicht eine andere Redeweise, seid nicht feierlich oder traurig. Lacht weiterhin über das, worüber wir gemeinsam gelacht haben. Betet, lacht und denkt an mich. Betet für mich, damit mein Name im Haus gesprochen wird, so, wie es immer war, ohne eine besondere Belohnung, ohne die Spur eines Schattens. Das Leben bedeutet das, was es immer war. Der Faden ist durchgeschnitten. Warum soll ich nicht mehr in Euren Gedanken sein, nur weil ich nicht mehr in Eurem Blickfeld bin? Ich bin nicht weit weg, nur auf der anderen Seite des Weges.

Henry Scott Holland

Der Tod ist doch etwas so Seltsames, dass man ihn, unerachtet aller Erfahrung, bei einem uns teuren Gegenstande nicht für möglich hält und er immer als etwas Unglaubliches und Unerwartetes eintritt. Er ist gewissermaßen eine Unmöglichkeit, die plötzlich zur Wirklichkeit wird. Und dieser Übergang aus einer uns bekannten Existenz in eine andere, von der wir auch gar nichts wissen, ist etwas so Gewaltsames, dass es für die Zurückbleibenden nicht ohne die tiefste Erschütterung abgeht.

Johann Wolfgang von Goethe

Herr, fange meine Tränen auf, wenn ich sie nicht zurückhalten kann, damit sie sich in Freude verwandeln. Herr, höre meinen Klagen zu, wenn ich sie niemanden sagen kann, damit sie sich in Hoffnung verwandeln. Herr, lenke meine unsicheren Schritte, wenn sie in eine falsche Richtung gehen, damit sie den Weg finden. Herr, strecke meine Hand aus, damit ich nicht ins Bodenlose falle.

Anette Feigs, aus "Hoffnungslichter"

Betet, lacht, denkt an mich, betet für mich, damit mein Name im Hause ausgesprochen wird, so wie es immer war, ohne irgendeine besondere Bedeutung, ohne Spur eines Schattens. Das Leben bedeutet das, was es immer war, der Faden ist nicht durchgeschnitten. Warum soll ich nicht mehr in euren Gedanken sein, nur weil ich nicht mehr in eurem Blickfeld bin? Ich bin nicht weit weg, nur auf der anderen Seite des Weges.

Charles Pierre Péguy

Wer im Gedächtnis seiner Lieben lebt, der ist nicht tot, der ist nur fern - tot ist nur, wer vergessen wird.

Immanuel Kant

Wie ein Schienenstrang, dessen Gleise in dieselbe Richtung laufen und sich am Horizont vereinigen, so läuft der gemeinsame Weg bis zur Vereinigung im Unendlichen. Unterwegs Hindernisse, die beseitigt werden müssen, Schäden, die repariert werden müssen, Umwege, die gemeinsam gemacht werden. Aber die Richtung stimmt. Plötzlich bricht ein Gleis ab. Doch es bleibt die Hoffnung auf die Vereinigung in der Unendlichkeit, in der Ewigkeit.

Anette Feigs, aus Hoffnuneslichter"

Es gibt nichts, was die Abwesenheit eines geliebten Menschen ersetzen kann. Je schöner und voller die Erinnerung, desto härter die Trennung. Aber die Dankbarkeit schenkt in der Trauer eine stille Freude. Man trägt das vergangene Schöne wie ein kostbares Geschenk in sich.

Dietrich Bonhoeffer

Der du von dem Himmel bist,
Alles Leid und Schmerzen stillst,
Den, der doppelt elend ist,
Doppelt mit Erquickung füllest,
Auch ich bin des Treibens müde!
Was soll all der Schmerz und Lust? Süßer Friede, Komm, ach komm in meine Brust!

Johann Wolfgang von Goethe, „Wandrers Nachtlied" (1776)

Wenn die Trauer nicht vergeht...

Die Trauer ist ein normaler psychologischer Prozess, der dir dabei helfen soll, das Gelebte zu verarbeiten, um anschließend ein selbstbestimmtes und zufriedenes Leben führen zu können. Doch auf die leichte Schulter nehmen solltest du sie dennoch nicht, denn schon die kleinsten Irritationen können zu einer pathologischen bzw. chronischen Trauer führen, an der du unter Umständen jahrelang zu knabbern hast. Zudem wurden in verschiedenen Studien sowie ärztlichen Beobachtungen festgestellt, dass trauernde Menschen in vielerlei Hinsicht zu einer Risikogruppe zählen. Folgende Symptome treten bei ihnen vermehrt auf:

- erhöhte Mortalität,

- erhöhter Blutdruck sowie Herzrhythmusstörungen,

- Schmerzen,

- neuroendokrine Veränderungen,

- Bindungsstress-Reaktion, wie beispielsweise Dopamin-System-Reaktionen, Oxytocin-System-Reaktionen sowie Opioid-System-Reaktionen,

- Erhöhung von Kortisol,

- immunologische Reaktionen.

Das mag sich zunächst etwas sehr klinisch für dich anhören, ist aber im Grunde sehr einfach nachzuvollziehen: Verwandelt sich die normale Trauer in eine pathologische/chronische Trauer, reagiert der Körper mit einem erhöhten Stressniveau, was zu Herz-Kreislauf-Problemen sowie psychosomatischen Schmerzen und Symptomen führen kann. Besonders häufig kommt dies vor, wenn ein geliebter Mensch auf sehr tragische und plötzliche Weise aus dem Leben gerissen wurde.

Bei der Diagnostik nach Prigerson werden unter anderem folgende Analysekriterien herangezogen: Trennungsstress, kognitive Symptome, emotionale Symptome, behaviorale Symptome, Zeitspanne, psychosoziale Beeinträchtigungen, Differenzialdiagnostik. Einen ausführlichen Selbsttest findest du im Kapitel „Trauer in der Psychologie – Zahlen, Fakten und Theorien". Zudem ist es möglich, an einer komplizierten Trauer zu leiden, wenn folgende Symptome auftreten:

- Du hast eine intensive Sehnsucht nach der verstorbenen Person, die dich schon fast zu lähmen scheint.

- Du kannst dich auch nach mehreren Monaten nicht an den Verlust gewöhnen und quälst dich mit den Gedanken an die Person sowie dessen Tod.

- Du leidest unter starken Gefühlsausbrüchen von Bitterkeit, Wut und Ärger. Eine starke Gereiztheit beeinflusst dein privates sowie berufliches Leben im hohen Maße.

- Du vermeidest auch nach mehreren Monaten bzw. Jahren noch Orte, die du mit der verstorbenen Person verbindest.

- Du hast das Gefühl, dass ein Teil von dir selbst verstorben ist und findest deshalb nicht mehr zurück in einen normalen Alltag.

- Du leidest unter immer wiederkehrenden psychosomatischen Beschwerden, wie Kopf- und Bauchschmerzen, Übelkeit, Herz-Rhythmus-Störungen u.v.m.

Solltest du den Gedanken haben, du könntest an einer komplizierten Trauer leiden, ist der Gang zu einer Beratungsstelle oder zum Hausarzt ein absolutes Muss. Bedenke dabei immer, dass sich eine komplizierte Trauer schnell auch in eine ernstzunehmende psychische Erkrankung (Depression, Anorexie, Suizid etc.) entwickeln kann.

Professionelle Hilfsangebote und Organisationen

Name	Kontaktdaten	Schwerpunkt
Gute Trauer	Telefon: 022 44 / 92 53 82 Telefon: 022 44 / 92 53 88 info@aeternitas.de www.aeternitas-support.de	Bundesweite Trauerbegleitung
Bundesverband Trauerbegleitung e.V.	Telefon: 05545 / 6990130 Telefonsprechzeiten: dienstags 14:00 – 17:00 Uhr donnerstags 10:00 – 13:00 Uhr info@bv-trauerbegleitung.de https://bv-trauerbegleitung.de/ansprechpartner/	Verein, der sich um die weitere Kontaktaufnahme mit Trauerbegleitern an deinem Wohnort kümmert.
Lavia – Institut für Familientrauerbegleitung	Mobil: 0174 8074305 GutesTun@lavia.de https://www.lavia.de	Trauerbegleitung für Kinder, Jugendliche und Familien
Telefon-Seelsorge	Telefon: 0800/111 0 111 Telefon: 0800/111 0 222 Telefon: 116 123 https://www.telefonseelsorge.de	Qualifizierte psychologische Beratung 24/7
Trauergruppe	Telefon: 040 / 691 47 60 info@trauerhilfeseiten.de https://www.trauergruppe.de	Organisation von Selbsthilfegruppen trauernder Menschen (bundesweit)
Selbsthilfenetz.de	selbsthilfenetz@paritaet-nrw.org selbsthilfenetz.de	Organisation von Selbsthilfegruppen trauernder Menschen (bundesweit)
Verwitwet	Telefon: 0621 / 653647 marion.theobald@verwitwet-info.de https://verwitwet-info.de	Trauerbegleitung für hinterbliebene Ehepartner
Initiative REGEN-	Telefon: 05565 / 9119113	Informationen

Name	Kontaktdaten	Schwerpunkt
BOGEN „Glücklose Schwangerschaft" e.V.	HGST@initiative-regenbogen.de http://initiative-regenbogen.de/index.php	sowie Organisation von Selbsthilfegruppen & Vermittlung professioneller Trauerbegleiter
AGUS – Angehörige um Suizid e.V.	Telefon: 0921 / 150 03 80 Telefon: 0921 / 150 09 60 Fax: 0921 / 150 08 79 kontakt@agus-selbsthilfe.de https://agus-selbsthilfe.de	Begleitung Hinterbliebener von Suizid-Opfern; verschiedene Angebote zur Trauerbewältigung
Das Trauerportal	Telefon: 02603 / 8640 team@trauer.org http://trauer.org	Sterbe- und Trauerbegleitung sowohl online als auch offline
Katharinen Hospiz am Park	Telefon: 0461 / 503230 Fax: 0461/5032323 info@katharinen-hospiz.de https://www.schreiben-als-bruecke.de	Online-Trauerbegleitung für Jugendliche und junge Erwachsene
Stiftung Hospizdienst Oldenburg	Telefon: 0441 / 770 346-0 info@hospizdienst-oldenburg.de https://www.da-sein.de/die-online-beratung	Onlineberatung für trauernde und sterbende Jugendliche
Hospiz Bedburg-Bergheim-Elsdorf e.V.	Telefon: 02271/ 45303 Fax: 02271/ 45303 bergheim@hospiz-erft.de https://thema.erzbistum-koeln.de/doch-etwas-bleibt/index.html	Chatroom für Jugendliche und junge Erwachsene, die trauern
Nicolaidis YoungWings Stiftung	Telefon: 089 / 2488378 - 0 Fax: 089 / 2488378 - 88 info@youngwings.de www.nicolaidis-youngwings.de	Online-Beratungsstelle für trauernde Kinder und Jugendliche (Botschafter Thomas Müller)

Name	Kontaktdaten	Schwerpunkt
VEID Bundesverband Verwaiste Eltern und trauernde Geschwister in Deutschland e.V.	Telefon: 0341/ 9468884 kontakt@veid.de https://www.veid.de	Trauerbegleitung, Trauerseminare und andere Veranstaltungen bei Tod des eigenen Kindes/von Geschwistern

*Für die angegebenen Kontaktdaten besteht keine Gewähr. Diese Daten entstammen den öffentlichen Registern (Stand: April 2020)

Mein Schlusswort an dich

Abschließend möchte ich dir noch einmal Mut zusprechen. Du hast in diesem E-Book nun einigen Input bekommen, den du auf dich wirken lassen kannst. Zudem hast du mit den im Kapitel „Die Trauerbewältigung…" aufgeführten Tipps und den Tests aus dem Kapitel „Trauer in der Psychologie – Zahlen, Fakten und Theorien" einige Werkzeuge zur Hand, die du geschickt für dich selbst oder deine Freunde und Verwandten nutzen kannst.

Ich weiß, dass es manchmal ganz schön beängstigend sein kann, sich den eigenen Gefühlen und Emotionen zu stellen. Es ist schmerzhaft und zieht dich herunter. Doch nur so kannst du auf lange Sicht hin wieder ein normales Leben führen. Bedenke immer, dass die verstorbene Person niemals gewollt hätte, dich traurig zu sehen. Er/Sie hat dich sicherlich geliebt und hätte alles dafür gegeben, dich glücklich zu machen. Natürlich ist es dein Recht, zu trauern und auch intensiv zu trauern. Doch nach einigen Monaten solltest du wieder in der Lage sein, das Positive im Leben sehen zu können.

Weil dir ein goldener Traum zerronnen, was hast du drum für herbe Qual?! Es ist doch nicht das erste Mal, dass dich enttäuscht, was du begonnen! Den Kopf hoch! Auf! Wozu verzagen, kleingläubig gleich und hoffnungslos?! Dein Mut schien doch so riesengroß, das Letzte selber kühn zu wagen! Auf drum und weiter! Ohne Bangen! Und wenn's dir noch soviel entlaubt! Wer will und an sein Können glaubt, wird immer an sein Ziel gelangen!

Cäsar Flaischlen

Ich wünsche dir ganz viel Kraft auf deinem weiteren Weg, Lebensmut, viel Erfolg und einen wunderschönen Start in dein neues Leben mit viel Tapferkeit und Fröhlichkeit.

Quellenverzeichnis

https://www.friedwald.de/unternehmen/presse/detail/studie-trauer

https://www.trauer.ms/ratgeber/trauer/in-der-dunklen-jahreszeit-trotz-trauer-nicht-verzweifeln

https://www.op-marburg.de/Marburg/Psychologie-Studie-untersucht-Umgang-mit-Trauer

https://www.emotion.de/psychologie/die-kraft-der-trauer

https://www.psycharchives.org/bitstream/20.500.12034/372/2/PT_9004952_TF_Studie.pdf

https://www.berlin.de/special/todesfall-und-bestattungen/3312525-3309543-trauerrituale-in-anderen-laendern-und-ku.html

https://de.wikipedia.org/wiki/Elisabeth_Kübler-Ross

https://www.thieme.de/de/psychiatrie-psychotherapie-psychosomatik/studie-anhaltende-trauer-teilnehmer-gesucht-116358.htm

https://endoflife.weill.cornell.edu/sites/default/files/pg-13_german.pdf

https://core.ac.uk/download/pdf/11033693.pdf

https://www.netdoktor.de/symptome/traurigkeit/

Attachment and Loss, Volume 3: Loss – Sadness and Depression

http://bestattungen-michael.de/trauer

https://de.wikipedia.org/wiki/Trauer#Trauerprozess_in_vier_Phasen_nach_Yorick_Spiegel

https://www.bestattung-erfurt.de/nachsorge-2/maerchen-und-kurzgeschichten/?cn-reloaded=1

http://bestattungen-michael.de/trauer

https://de.statista.com/statistik/daten/studie/239872/umfrage/arbeit
sunfaehigkeitsfaelle-aufgrund-von-burn-out-erkrankungen/

https://link.springer.com/chapter/10.1007%2F978-3-658-20978-0_47

https://de.wikipedia.org/wiki/Streit

https://www.welt.de/gesundheit/article128637504/So-gefaehrlich-ist-
Streit-fuer-unseren-Koerper.html

https://de.statista.com/statistik/daten/studie/176971/umfrage/angst-
vor-arbeitsplatzverlust-vergeblicher-ausbildungsplatzsuche/

http://www.ulrikeneff.at/kindertrauer/

https://www.br.de/themen/wissen/wie-kinder-trauern-der-schmerz-
kommt-in-schueben-100.html

https://www.projuventute.ch/de/eltern/familie/trauerbewaeltigung-
kinder

https://www.fritzundfraenzi.ch/gesellschaft/familienleben/wie-
kinder-trauern-kinder-gehen-mit-trauer-und-tod-anders-um-als-
erwachsene?page=all

https://www.br.de/themen/wissen/wie-kinder-trauern-der-schmerz-
kommt-in-schueben-100.html

https://www.familie-und-tipps.de/Familienleben/Trauerarbeit-
Kinder.html

https://www.kidsgo.de/trauerbewaeltigung-bei-kindern-trauerarbeit/

https://www.familienhandbuch.de/familie-leben/schwierige-
zeiten/tod-trauer/hilfreicheunterstuetzungfuertrauerndekinder.php

https://www.bestattungen.de/ratgeber/trauerhilfe/trauer-bei-
kindern.html

https://www.bankhofer-gesundheitstipps.de/tipps-zur-hilfe-
trauer.html

https://blog.cognifit.com/de/trauer-verarbeiten-tipps/#Aeusserung_der_Trauer

https://praxistipps.focus.de/trauer-bewaeltigen-die-besten-tipps-um-den-schmerz-gehen-zu-lassen_108965

https://november.de/ratgeber/trauerhilfe/#

https://www.lernen.net/artikel/trauer-abschied-nehmen-2159/

https://www.psychotipps.com/Trauerbewaeltigung.html

https://www.bestattungen.de/ratgeber/trauerhilfe/trauerarbeit.html

https://www.bestattungen.de/ratgeber/trauerhilfe/trauerbewaeltigung.html#methoden

https://www.versicherung-online.net/tipps-trauerbewaeltigung-439/

Empfehlungen

Ein Thema, das dem der Trauer sehr nahesteht, ist die Einsamkeit. Im Falle, dass du ebenfalls von Einsamkeit betroffen bist und du auch zu diesem Thema Hilfe suchst, können wir dir den folgenden Ratgeber empfehlen:

https://www.amazon.de/dp/B07V5VZK2H

Den Ratgeber findest du auf Amazon unter dem Link, direkt unter dem Buchcover oder durch Eingabe des Buchtitels: „**Einsamkeit: Endlich Schluss machen mit der Einsamkeit. Wie Sie in nur wenigen Schritten Ihre Einsamkeit überwinden**" im Amazon-Suchfeld.

Haftungsausschluss

Der Inhalt dieses E-Books wurde mit großer Sorgfalt geprüft und erstellt. Für die Vollständigkeit, Richtigkeit und Aktualität der Inhalte kann jedoch keine Garantie oder Gewähr übernommen werden. Der Inhalt dieses E-Books repräsentiert die persönliche Erfahrung und Meinung des Autors und dient nur dem Unterhaltungszweck. Es wird keine juristische Verantwortung oder Haftung für Schäden übernommen, die durch kontraproduktive Ausübung oder durch Fehler des Lesers entstehen. Es kann auch keine Garantie für Erfolg übernommen werden. Der Autor übernimmt daher keine Verantwortung für das Nicht-Erreichen der im Buch beschriebenen Ziele. Dieses E-Book enthält Links zu anderen Webseiten. Auf den Inhalt dieser Webseiten haben wir keinen Einfluss. Deshalb kann für diese Inhalte auch kein Gewähr übernommen werden. Für die Inhalte der verlinkten Seiten ist der jeweilige Anbieter oder Betreiber der Seite verantwortlich. Rechtswidrige Inhalte konnten zum Zeitpunkt der Verlinkung nicht festgestellt werden.

Impressum

Dennis Walter
Malterstraße 19
56070 Koblenz
dw312@web.de
1.Auflage 2020